Marcel Reich-Ranicki
Ungeheuer oben

MARCEL REICH-RANICKI

UNGEHEUER OBEN

Über Bertolt Brecht

Aufbau-Verlag

ISBN 3-351-02360-X

1. Auflage 1996
© Aufbau-Verlag GmbH, Berlin 1996
Einbandgestaltung Henkel/Lemme
Collage Ute Henkel
Satz LVD GmbH, Berlin
Druck und Binden Kösel GmbH, Kempten
Printed in Germany

Für Klara Obermüller

INHALT

UNGEHEUER OBEN
Brecht und die Liebe

Einen Streit um Brecht gibt es heute nicht mehr:
Bald vierzig Jahre nach seinem Tod braucht man
ihn, der einst die Gemüter erhitzte, nicht mehr
zu verteidigen. Denn niemand greift ihn an. Es
wiederholt sich, was nach dem Tod eines großen
Dichters geradezu die Regel ist. Man kennt, so
will es scheinen, immer nur zwei Möglichkeiten:
die Monumentalisierung oder die Gleichgültig-
keit, also den Aufstieg in die Legende oder den
Abstieg in die Vergessenheit.

Wie immer sich unser Verhältnis zu Brecht verändert hat – aus dem Blickfeld haben wir ihn
nicht verloren. Aber sein Nachruhm ist auf son-
derbare Weise widerspruchsvoll: Er verblaßt und
wächst dennoch. Und wir können heute besser
denn je erkennen, daß der Begriff »klassisch«,
der, eine Charakteristik und eine Definition an-
bietend, stets auch auf die Rangordnung abzielt,
ihm wie keinem anderen Poeten unseres Jahrhunderts gebührt.

Im Zusammenhang mit Brecht taucht dieser Begriff schon sehr früh auf – und der ihn 1921 ins Gespräch bringt, ist kein anderer als er selber. Der Dreiundzwanzigjährige notiert in seinem Tagebuch, er beobachte, daß er anfange, »ein Klassiker zu werden«. Das ist eine freche Bemerkung. Doch scheint sie mir ernst gemeint: In dem übermütigen Befund verbirgt sich das Programm des Anfängers. Da ist einer entschlossen, die Welt zu erobern.

Nach seinem Tod war es zunächst Max Frisch, der ihn einen Klassiker nannte – freilich gleich mit einer wichtigen Einschränkung. Er bescheinigte dem Stückeschreiber Brecht »die durchschlagende Wirkungslosigkeit eines Klassikers« – was wohl heißen soll: enormer Erfolg, aber keine reale Wirkung. Das mag zutreffen, nur müßte man noch klären, welchem Dramatiker der Weltliteratur sich beweisbare Wirkung nachrühmen ließe.

Hat Strindberg etwa das Eheleben der Bürger gebessert? Hat Gogols »Revisor« die Bestechlichkeit im zaristischen Rußland gemindert? Haben die Tragödien und Historien Shakespeares auch nur einen einzigen Mord verhindert? Fragen wir ganz ungeniert, Brechts Lieblingsverbum verwendend: Hat Shakespeare die Welt verändert?

Aber ja, er hat sie sehr wohl verändert, doch nur, indem er, ähnlich wie Mozart oder Schubert, zur vorhandenen Welt sein Werk hinzugefügt hat.

In unzähligen Ländern haben Millionen von Zuschauern Brechts Stücke gesehen. Daß aber einer dadurch »seine politische Denkweise geändert oder auch nur einer Prüfung« unterzogen hätte, wagt Frisch – es war 1964 – zu bezweifeln. Er zweifelt sogar, daß Brecht an die erzieherische Wirkung seines Theaters tatsächlich geglaubt habe. In den Proben hatte er, Frisch, den Eindruck: Auch der Nachweis, daß sein Theater nichts zur Veränderung der Gesellschaft beitragen könne, hätte Brechts Bedürfnis nach Theater nicht beeinträchtigt.

Er selber sagte, er stelle sich oft ein Tribunal vor, dem er die Frage beantworten müsse, ob es ihm »eigentlich ernst« sei: »Ich müßte dann anerkennen: ganz ernst ist es mir nicht. Ich denke ja auch zu viel an Artistisches, an das, was dem Theater zugute kommt, als daß es mir ganz ernst sein könnte.« Walter Benjamin hat diese aus dem Jahre 1934 stammende Äußerung überliefert – und es ist wohl eine Schlüsselstelle, eine der bedeutsamsten.

Wenn etwas Brechts Leben auszufüllen vermochte, dann war es nicht die Ideologie oder die

Politik, vielmehr war es jenes Steckenpferd seiner Jugend, das rasch zu einer Passion wurde und es bis zu seinen letzten Tagen blieb: das Theater. Er hat die Literatur und die Philosophie und alle Künste, er hat das ganze Leben stets aus der Perspektive des Bühnenautors gesehen.

Als ihm 1941 »Der gute Mensch von Sezuan« zu lang geraten schien, notierte er in seinem Arbeitsjournal, dieses Stück beweise, daß die neue Dramatik eine Verkürzung der Arbeitszeit verlange, ja, es könne leicht sein, daß sogar Mittagsstunden für den Besuch dieser Dramen frei gehalten werden müßten. Das war scherzhaft gemeint. Symptomatisch ist es dennoch. Denn das eben unterscheidet Brecht von vielen seiner Anhänger: Sie wollten ein Theater, das die kommunistische Gesellschaft ermöglichen sollte. Brecht hingegen wollte die kommunistische Gesellschaft, damit sie sein Theater ermögliche.

Ungleich skeptischer, ungleich klüger als viele seiner Schüler und Nachfolger, war er sich sehr wohl darüber im klaren, daß die Politik das Theater verderben könne, doch niemals das Theater die Politik zu verbessern imstande sei. Die von ihm gelegentlich beschworene »versammlung von weltänderern« – so stellte er sich 1943 das künftige Theaterpublikum vor – war nichts anderes als eine Fiktion. Natürlich hat er es gewußt. Indes wollte er sich von ihr auf keinen Fall trennen: Was seine Bewunderer oft für bare Münze nahmen und auch nehmen sollten, war für ihn selber nicht mehr und nicht weniger als ein Hilfsmittel für seine literarische Produktion, als eine generelle Arbeitshypothese.

Er glaubte, daß seine Stücke um ihrer künstlerischen Wirkung willen auf pädagogische Ingredienzen angewiesen seien und ohne politische Intentionen nicht auskommen könnten. Mit anderen Worten: Nicht deshalb bemühte sich Brecht ein Leben lang um das Theater, weil es ihm um den Klassenkampf ging, wohl aber beschäftigte er sich immer wieder mit dem Klassenkampf, weil er ihn als Impuls und Thema für sein Werk benötigte. Nicht der Weltveränderer Brecht brauchte also das Theater und die Dichtung, wohl aber benötigte der Theatermann, der Dichter Brecht die angestrebte Weltveränderung oder den Marxismus als ideelles Fundament und als Zielvorstellung. Nicht der Kampf war seine Sache, sondern das Spiel. Als Lehrer wollte er unbedingt gelten, aber letztlich war er doch kein Lehrer und kein Volkserzieher. Er war ein leidenschaftlicher Verführer.

Möglichst alle wollte er verführen: Frauen und

Männer, Junge und Alte, Künstler und Politiker. Und nirgends schienen ihm die Menschen so verführbar wie im Zuschauerraum des Theaters. Die dramatischen Arbeiten nehmen in der jetzt erscheinenden großen Ausgabe seiner Werke nicht weniger als zehn umfangreiche Bände in Anspruch. In den Nachschlagebüchern und Literaturgeschichten wird er in erster Linie als Dramatiker genannt und behandelt. Die gewaltige internationale Brecht-Industrie befaßt sich wenn nicht ausschließlich, so doch vor allem mit seinen Stücken. Dagegen ist nichts einzuwenden: Es stimmt ja, daß er weder der Lyrik noch der erzählenden Prosa auch nur annähernd soviel Lebenszeit gewidmet hat wie dem Drama und dem Theater. Schließlich waren es die Bühnenwerke, die ihn weltberühmt gemacht haben.

Aber wahr ist auch, daß der Ruhm des Dramatikers Brecht doch allmählich verblaßt. Gewiß, seine Stücke werden noch viel gespielt, zumal von Tournee-Ensembles, von Schultheatern und von Laiengruppen. Das mit Abstand am häufigsten aufgeführte Brecht-Stück verdankt seinen außerordentlichen, seinen sich kaum mindernden Erfolg freilich nicht nur ihm, sondern in noch höherem Maße einem anderen Genie – Kurt Weill. Natürlich meine ich die »Dreigroschenoper«.

Das vor dreißig Jahren enorme und seit gut zwanzig Jahren allmählich abnehmende Interesse an seinen Bühnenwerken läßt also weiter nach. Hat das mit dem Zusammenbruch jener politischen Welt zu tun, der Brecht bei allen Bedenken doch bis zu seinem Tod verbunden war? Mit Sicherheit. Aber es gibt noch einen anderen Umstand – und er hängt mit dem Werk selber zusammen.

Immer wieder ist in Brechts Schriften vom Lehren und vom Lernen die Rede, immer wieder erinnerte er daran, daß seine Dichtung den Menschen zur Einsicht verhelfen sollte: Sie hatte die Leser und die Zuschauer sehend zu machen. Aber hat er sich wirklich kritische Leser und selbständig denkende Zuschauer gewünscht?

Im Epilog zum »Guten Menschen von Sezuan« heißt es: »Wir sehn ... betroffen / den Vorhang zu und alle Fragen offen.« Ein schönes Wort, gewiß. Nur darf man zweifeln, ob es auch ein ganz aufrichtiges Wort ist: Am Ende bleiben bei Brecht die Fragen eben nicht offen. Und wenn in diesem Epilog das Publikum aufgefordert wird, nachzudenken, »Auf welche Weis dem guten Menschen man / Zu einem guten Ende helfen kann« – dann soll es sich doch vom Autor bekehren lassen, es soll, nachdenkend oder nicht, unbedingt zu den vom ihm nahegelegten Ergebnissen kommen.

So müssen wir zusammen mit dem Poetischen und dem Artistischen auch das Pädagogische hinnehmen, vom Politischen ganz zu schweigen. Doch niemand geht ins Theater, um sich belehren oder gar erziehen zu lassen. Wozu also? Für Brecht stand das fest: Seit jeher – schrieb er – sei es das Geschäft des Theaters, die Leute zu unterhalten. Das Theater brauche »keinen andern Ausweis als den Spaß, diesen freilich unbedingt«. Schon viele vor ihm haben dies erkannt und haben sich daran konsequent gehalten, keiner besser als ein englischer Unterhaltungsschriftsteller, jener aus Stratford.

Und Brecht selber? Er war sich schon bewußt, daß der erhobene Zeigefinger den Leuten auf die Nerven gehen und sie aus dem Theater vertreiben könne. Gleichwohl dachte er nicht daran, auf das Didaktische zu verzichten. Daher seine ständige Bemühung um den Spaß – und sei es auch ein etwas alberner Spaß –, auf den das Theater angewiesen sei: auf die Synthese also aus Unterhaltung und Unterweisung kam es ihm an.

Hier liegt wohl der Hase im Pfeffer: Das Ideelle, einst kaum mehr als eine Arbeitshypothese, drängt sich in den Vordergrund, das Pädagogische wird hier und da aufdringlich. Und das Pädagogische ist es, das manche von uns schon vor vielen Jahren abgeschreckt hat und mittlerweile der Stücke des reifen Brecht überdrüssig werden ließ. Nicht der Dichter, nicht der große Verführer hat sich überlebt, wohl aber der unermüdliche Lehrmeister, der uns den revolutionären Weg zur Erlösung führen wollte – oder dies zumindest vorgab.

In einem seiner großen Gedichte finden sich die vielzitierten Worte:

> Was sind das für Zeiten, wo
> Ein Gespräch über Bäume fast ein
> Verbrechen ist,
> Weil es ein Schweigen über so viele
> Untaten einschließt!

Doch um die eigenen Mahnungen kümmerte er sich selten. Man hat schon oft darauf hingewiesen, aber man muß es dennoch wiederholen: Er, der die Sowjetunion besungen und gepriesen und das kapitalistische Amerika verhöhnt und attackiert hat, wollte in den Jahren des Exils um keinen Preis der Welt in der Sowjetunion leben, er zog, glücklicherweise, die Vereinigten Staaten vor. So warnte er auch vor Gesprächen über Bäume, in seinem Werk jedoch spricht er oft –

wiederum glücklicherweise – eben von Bäumen und auch von Blumen, von der Anmut und der Freundlichkeit, vom Reiz des Lebens und von der Liebe.

Ja, die Liebe – wo ist sie geblieben? Wo ist sie denn im Werk Bertolt Brechts? Gewiß, ein wenig in seiner ersten Bühnenarbeit, im »Baal« – aber später? In der »Dreigroschenoper« heißt es, die Liebe sei »das Höchste auf der Welt«. Das allerdings sagt die kleine Polly, die Tochter des Bettlerkönigs, die niemand ernst nimmt. Für die Liebe, eines der zentralen Elemente des neuzeitlichen Dramas, ist in Brechts Stücken bloß am Rande Platz und manchmal überhaupt nicht. Dennoch war er einer der großen Erotiker der deutschen Literatur. Das Persönliche und das Private, das Intime, von dem wir in seinen dramatischen Arbeiten leider selten hören – er hat es nicht ausgespart, nicht vernachlässigt. Nur kommt es in seinem Werk anderswo vor: in der Lyrik.

Die Dichter, die großen und die kleinen, wollen nicht nur ausgiebig gerühmt werden, in der Regel bestehen sie auch darauf, daß man das rühmt, was sie in ihrem Werk für besonders wichtig halten. Besessen vom Theater, wurde Brecht, sobald man seine Lyrik lobte, gleich mißtrauisch, und er zögerte nicht, ihren Wert und ihre Bedeutung herunterzuspielen. Diese Lyrik sei – schrieb er 1928 an Alfred Döblin – »das schlagendste Argument« gegen seine Dramen: »Alle sagen, sofort befreit aufatmend, mein Vater hätte mich eben Lyriker und nicht Dramatiker werden lassen sollen.«

Nun sollten wir glücklich sein, daß wir Brecht sowohl Stücke als auch Gedichte und Lieder verdanken – und es ist allemal fragwürdig, die eine Gattung gegen die andere ausspielen zu wollen. Aber obwohl Prophezeihungen zum Metier des Kritikers nicht gehören, dürfen wir ausnahmsweise und ganz leise doch vermuten: Bleiben wird von Bertolt Brecht vornehmlich die Lyrik.

Der Mißbrauch der Poesie zur Flucht ins Undeutliche und Verschwommene, dieses Erzübel der deutschen Literatur, war ihm verhaßt. Den Lesern, die den Rilkeschen Rhythmus im Blute hatten und die Georgesche Melodie im Ohr, vermochte Brecht zu beweisen, daß der Gesang vernünftig und die Vernunft poetisch sein kann. Er zeigte, daß die Synthese von Dichtung und Intellekt nicht nur nötig, sondern zugleich möglich sei. Während manche seiner Stücke den Eindruck erwecken, sie seien eher für die reifere Jugend bestimmt, wandte er sich in den schönsten seiner Verse an mündige Zeitgenossen: Auch die

Gedichte über die Liebe schrieb Brecht, ähnlich wie Heine, für denkende und nachdenkliche Menschen.

Die Liebe – sagt ein etwas altkluges Mädchen in Shakespeares »Sommernachtstraum« –

… sieht mit dem Gemüt, nicht mit den Augen.
Und ihr Gemüt kann nie zum Urteil taugen.
Drum nennt man ja den Gott der Liebe blind.

Schon zu Shakespeares Zeiten war diese Einsicht nicht sehr neu: Zweitausend Jahre früher hatte Plato schlicht und einfach festgestellt, daß der Liebende in bezug auf den Gegenstand seiner Liebe blind werde. Seitdem gehört zur Definition der Liebe die Gefährdung der Vernunft, ja der Zurechnungsfähigkeit des Individuums. Eine uralte Erfahrung also. Und damit haben wir zugleich die wichtigsten Motive auch der Lyrik Brechts, nicht nur der frühen. Zwei Phänomene sind es, die ihn von Anfang an beunruhigen und aufregen – und die nie aufhören werden, ihn zu irritieren und zu faszinieren: der Wahnsinn, den wir Liebe nennen, und, zunächst wohl in noch höherem Maße, das Mysterium Sexualität.

Wir wissen es: Die Anfänge Brechts standen – und das war in seiner Zeit wahrlich nicht originell – im Zeichen des Protests gegen die bürgerliche Ordnung, des Aufstands gegen die Konventionen, der Rebellion gegen alle Tabus. Diese Rebellion bereitete ihm keinen Kummer, ihr fühlte sich der junge Brecht durchaus gewachsen, weniger hingegen der Liebe und der Sexualität. Eben deshalb wandte er sich einem Milieu zu, in dem derartige Fragen leicht lösbar waren oder wenigstens schienen: Es reizte und lockte ihn die Welt der Huren und der Bordelle.

In der »Dreigroschenoper« singt die Frau Peachum die »Ballade von der sexuellen Hörigkeit«. Darum geht es Brecht immer wieder: um die Hörigkeit und also darum, wie man ihr entgehen könne. Das Gedicht »Katharina im Spital« beginnt mit den trockenen Worten: »Ich brauche einfach meinen geregelten Geschlechtsverkehr.« Ein anderes Gedicht aus den zwanziger Jahren ist betitelt: »Sonett über einen durchschnittlichen Beischlaf.« Die Defloration wird abgelehnt, sie bereite zuviel Mühe: »Eine solche Jungfernschaft / Braucht nur zu viel Manneskraft.«

Daß er in seinen Gedichten gern derbe und obszöne Worte gebraucht, zumal für die Geschlechtsteile und den Beischlaf, ist nicht so verwunderlich: Das gehört zum Protest gegen die bürgerlichen Sitten, gegen die Welt der Väter – ganz abgesehen davon, daß der Jugend, der

männlichen jedenfalls, die ordinäre Ausdrucks-
weise oft diebische Freude bereitet. Doch Brechts
Vorliebe für das Obszöne und für das Derbe hat
nichts mit seinem Alter zu tun.

1927, immerhin beinahe dreißig Jahre alt,
schreibt er ein langes, man könnte sagen: ein en-
zyklopädisches Gedicht. Es enthält zahlreiche und
detaillierte Ratschläge einer älteren Hure, die einer jüngeren erklärt, wie sie sich verhalten solle,
um ihren Kunden zum denkbar größten Genuß
zu verhelfen.

Nicht weniger obszön sind zwei Gedichte, die
der schon fünfzigjährige Brecht in Zürich notiert
und die er, ein kurioser, ein pueriler Scherz, mit
dem Namen »Thomas Mann« zeichnet – aber
doch nicht veröffentlicht. Dem vulgären Vokabu-
lar für die Sexualsphäre bleibt er treu.

Dahinter verbirgt sich mehr als nicht nachlassende Provokationssucht. Brecht selber sagt
gelegentlich, es seien seine Achillesfersen, die
ihn drängten, Gedichte zu schreiben, die er als
Achillesverse bezeichnet. Er leistet sich also das
Privatvergnügen, vielleicht gar den Luxus, für
seine Schwächen, zu denen die permanente Vielweiberei gehört, der nahezu manische Frauen-
konsum, einen poetischen Ausdruck zu finden.
Übrigens hat Benjamin gerade die obszönen Ge-

dichte Brechts ganz besonders geschätzt, mehrere von ihnen zu seinen besten gezählt.

Doch schon die frühesten erotischen Verse, geschrieben von einem kaum Zwanzigjährigen, sind melancholische, bisweilen sentimentale Rückblicke. Die Mädchen, mit denen er geschlafen, die er vielleicht sogar geliebt hat – er möchte sie so schnell wie möglich wieder vergessen. In einem »Bitteren Liebeslied«, einem Gedichtfragment von 1918, beteuert er: »Einmal hatt ich sie sehr lieb«. Jetzt indes wisse er nicht mehr, wie sie aussah: »Ein Tag verlöschte, was sieben Monde lang strahlend war.«

In einer Ballade aus dieser Zeit spült er »mit Kirsch und Wacholder ... ihr Antlitz aus seinem Gehirn / Und das Loch in der Luft wurde schwärzer ...«. Etwas weiter: »Einmal sieht er noch ihr Gesicht: in der Wolke! Es verblaßte schon sehr.« Das Fazit: »Ein Gesicht vergeht. Und ein Mund wird still.« In einem wenig später geschriebenen »Sonett« kann sich der Poet nur noch an »etwas von ihrem Knie« erinnern, an »nicht viel von ihrem Hals« und allerdings auch noch an den Geruch ihrer schwarzen Haare – aber es ist der Geruch bloß eines Drogerie-Artikels, von Badesalz nämlich. Wer so schreibt, der hat Angst – und wehrt sich.

Was fürchtete der junge Mann – die Abhängigkeit etwa von einem anderen Menschen und damit den Verlust oder die Einschränkung der eigenen Freiheit? So war es wohl: Er fürchtete die Liebe. Ende 1916 hat der achtzehnjährige Gymnasiast Brecht in einer kleinen Augsburger Eisdiele zum ersten Mal eine dunkeläugige Schülerin namens Rosa Maria Aman gesehen. Bald nennt er sie in einem Brief an den Freund Caspar Neher die »wundervolle Rosa Maria«.

Freilich hat die Sache einen Haken. Es ist eine alte Geschichte, doch bleibt sie immer neu – zumindest für den Betroffenen. An diesem Mädchen aus der Eisdiele ist noch einer interessiert, wahrscheinlich ebenfalls ein Schüler. Der junge Brecht klagt dem Freund: »Der holde Traum meiner kalten Nächte liebt mich nicht mehr.« Und: »Ich kann also die Rosmarie nicht mehr küssen … Ich kann andere küssen, natürlich. Ich sehe 100 Münder vor mir …« Dann folgt eine rhetorische Frage, in der schon die Diktion des reifen Brecht erkennbar wird: »Was sind 100 Möglichkeiten gegen eine Unmöglichkeit?«

Angesichts dieser furchtbaren Unmöglichkeit schreibt er an Caspar Neher: »Die Rosa Maria ist nämlich nicht hübsch. Das war eine Legende, die ich erfunden hatte.« Ihre Augen seien – lesen wir – »schrecklich leer«, es seien »kleine, böse, saugende Strudel«, ihre Nase sei »aufgestülpt und zu breit«, ihr Mund zu groß und auch noch dick, ihr Hals nicht »reinlinig« und ihre Haltung gar »kretinhaft«. Aber was hilft die so wortreiche, die so böse Aufzählung? Sie verrät bloß, daß hier einer mit seinen Gefühlen nicht zu Rande kommt, daß er sich ihrer vielleicht sogar schämt. Denn er denkt immer noch und erst recht an diese Rosa Maria. Zugleich meint er, das alles sei doch nur ein »greulicher Unsinn«. Schon gut – nur führt dieser »greuliche Unsinn« von 1917 Anfang 1920 zu einem Gedicht, das Brecht im Zugabteil, während einer Fahrt nach Berlin, geschrieben hat – zu dem Gedicht »Erinnerung an die Marie A.«

Der junge Dramatiker Brecht war ein postexpressionistischer Meuterer. Er wollte es ganz anders machen als seine Vorläufer. Nicht so der junge Lyriker Brecht: Er war ein Traditionalist, der gern die Formen des Volkslieds übernahm und sich meist an die strengen Regeln der Klassiker hielt. Das gilt auch für dieses Gedicht. Es besteht aus drei Strophen.

In der ersten erfahren wir, daß im blauen Mond September der Poet unter einem Pflaumenbaum eine stille bleiche Liebste umarmte. Da war noch eine Wolke, »sehr weiß und ungeheuer oben« –

und als er aufsah, war sie nimmer da. Diese erste Strophe – das ist, wenn man ausnahmsweise so sagen darf, die These des Gedichts. Nun folgt als zweite Strophe die Antithese. Viele Monde seien vergangen und auch die Liebe sei »still hinunter und vorbei«. An nichts könne sich der Poet erinnern, auch nicht an das Gesicht der Liebsten. Freilich weiß er immer noch, daß er es einst geküßt hat.

Auf diese Antithese folgt, wie es sich gehört, die Synthese. Auch diesen Kuß, erfahren wir, hätte er längst vergessen, wenn da nicht die weiße Wolke gewesen wäre. Wie denn: Er hat doch in seinem Leben unendlich viele weiße Wolken gesehen. Warum also erinnert er sich gerade an diese, die doch nur Minuten »blühte«? Aus einem einzigen Grund: Weil er damals sie, »die stille bleiche Liebe«, in seinem Arm hielt und küßte. Somit wird, was er in der zweiten Strophe mit Entschiedenheit behauptete – »Ich kann mich nicht erinnern« –, in der dritten Strophe dieses dialektischen Liebesgedichts widerlegt.

Sollte die weiße Wolke die Liebe symbolisieren, ihre Reinheit und vor allem ihre Vergänglichkeit? Dann wäre gar die Liebe, wie einst in einer Operette gesungen wurde, eine Himmelsmacht? »Die weiß ich noch und werd ich immer wissen« – heißt es von jener Wolke. Das aber soll wohl bedeuten: Die Liebe ist vergänglich, gewiß, aber so ganz verschwindet sie nun doch nicht. Denn es bleibt die Erinnerung und bisweilen noch etwas mehr: nämlich Dankbarkeit.

»Sentimentales Lied Nr. 1004« war dieses Gedicht ursprünglich betitelt, recht protzig übrigens. Leporello zufolge hat Don Giovanni allein in Spanien tausend und drei Liebesaffären gehabt. Der junge Brecht wollte ihn noch übertreffen. Dann hat er den Titel geändert; an dem endgültigen – »Erinnerung an die Marie A.« – fällt auf, was ihm fehlt: Nicht von einem Pflaumenbaum ist hier die Rede und auch nicht von einer weißen Wolke, sondern von einem Schulmädchen, das er vergessen wollte und das er nicht vergessen konnte.

Gewiß, Brechts Äußerungen über Frauen klingen oft schnoddrig und zynisch, bisweilen sogar brutal. Er war, besonders in den zwanziger Jahren, um Nonchalance bemüht. Ihm gefiel, wie in jener Zeit auch manch anderem jungen Autor, der Kraftmeierton, er spielte gern den harten Mann. Im Gedicht »Vom armen B. B.« spricht er von den Frauen in seinen Schaukelstühlen; er betrachte sie sorglos und sage ihnen: »In mir habt ihr einen, auf den könnt ihr nicht bauen.«

Doch vielleicht war das alles nur Maske und Tarnung?

»Der Liebe pflegte ich achtlos« – heißt es in seinem Gedicht »An die Nachgeborenen«. Ach nein, das trifft eben nicht zu: Was hier als sachlicher Rückblick verstanden werden will, mag mitunter sein Wunsch gewesen sein und seine Absicht, vielleicht gar sein Programm. Aber realisieren ließ sich das nicht. War es ihm peinlich, daß er Frauen nicht nur als Sexualobjekte begehrte? Schämte er sich, daß er auf Herzlichkeit angewiesen war und daß er sich nach Zärtlichkeit sehnte?

Es stimmt schon: Brecht war schlau und listig, ein Taktierer und ein Zyniker. Doch es stimmt auch, was er, schon über fünfzig Jahre alt, auf einem Zettel notierte, den man in seinem Nachlaß fand. Es ist sein kürzestes Gedicht, aus nur acht Worten bestehend und Ruth Berlau gewidmet. Es trägt den Titel »Schwächen«:

> Du hattest keine
> Ich hatte eine:
> Ich liebte

Ja, er war ein Liebender und also ein Leidender. Man wirft ihm vor, er habe Frauen oft nur benutzt. Das ist auch gar nicht falsch. In der Tat, er hat Frauen, die er liebte, für seine Zwecke benutzt; und er hat sich bisweilen in Frauen, die er nur benutzen wollte, verliebt. Doch will es scheinen, daß er mehr noch als einzelne Individuen bis zum Ende seines Lebens die Liebe liebte. So wurde er zum Voyeur seiner erotischen Erlebnisse – wie Franz Kafka. Aber der Prager Jude, der geschlagene, liebte die Liebe unglücklich, Brecht hingegen – nehmen wir alles nur in allem – war von ihr doch auf glückliche Weise beansprucht und abhängig, irritiert und fasziniert. Schon deshalb ging er, anders als Kafka und unabhängig vom Verlauf seiner einzelnen erotischen Erlebnisse, nie leer aus.

Gleichwohl sind seine Liebesgedichte beinahe immer elegisch. Warum eigentlich? Goethe sagte einmal, er brauche nur zum Fenster hinauszusehen, »um in straßenkehrenden Besen und herumlaufenden Kindern die Symbole der sich ewig abnutzenden und immer sich verjüngenden Welt beständig vor Augen zu haben«. So hat Goethe, wohl beiläufig, sein Thema benannt – und zugleich, ob er es wollte oder nicht, das größte Thema der Literatur. »Die Symbole der sich ewig abnutzenden und immer sich verjüngenden Welt« – er fand sie, ohne sie suchen zu müssen. Später drückte Goethe diesen Gedanken feierlich und endgültig aus: »Alles Vergängliche / Ist nur ein Gleichnis.« Diesen Prozeß, das ständige Altern der Welt und ihre unaufhörliche Verjüngung, die Vergänglichkeit mithin, vermag nichts so sichtbar und bewußt zu machen wie die Liebe. Damit ist schon angedeutet, warum die erotische Poesie, von wenigen Ausnahmen abgesehen, elegisch ist, ja elegisch sein muß.

In Brechts Gedicht »Entdeckung an einer jungen Frau« – es stammt aus den zwanziger Jahren – verabschiedet sich ein Mann von einer Frau, mit der er geschlafen hat. Er war ihr Gast für eine Nacht nur – so hatten sie es verabredet. Der Abschied ist nüchtern und kühl. Aber plötzlich zögert der Mann, jetzt will er nicht mehr gehen, er kann es nicht. Denn er hat in ihren Haaren eine graue Strähne gesehen. Stumm nimmt er ihre Brust. Er möchte bei ihr bleiben – für noch eine Nacht:

> Und laß uns die Gespräche rascher treiben
> Denn wir vergaßen ganz, daß du vergehst
> Und es verschlug Begierde mir die Stimme

Wie denn: Daß du vergehst? Nun ja, der Anblick der noch jungen und doch schon alternden Frau macht ihm bewußt, wovon er nicht spricht – seine eigene Vergänglichkeit. Er kann davon nicht spre-

chen, denn die Begierde verschlägt ihm die Stimme. Begierde wonach? Nach der Frau, die vor
ihm steht? Ja, natürlich, aber man kann es auch
anders ausdrücken: die Gier nach dem Leben.

Man hat Brecht mitunter vorgeworfen, seine
erotischen Gedichte seien stets ichbezogen, sie
seien in höchstem Maße egozentrisch. Das ist
schon richtig – nur gilt dieser gegen ihn erhobene Vorwurf für einen großen Teil der erotischen Literatur. Der Inhalt der meisten Liebesgedichte läßt sich mit zwei Worten wiedergeben
– mit den Worten: »Ich liebe«. Aber vielleicht ist
gemeint, daß Brecht der Liebe, seiner Liebe ungleich mehr Aufmerksamkeit zuwende als der
Person der Geliebten.

In der Tat ist diese extreme Egozentrik für
Brecht von Anfang an typisch. 1917 schrieb er an
Caspar Neher: »Aber es ist so still im Land. Ich
höre nur meine eigene Stimme.« Das stimmt
nicht: Es war in Deutschland damals, 1917, keineswegs still. Doch wollte schon der neunzehnjährige Brecht nur die eigene Stimme hören – es
sei denn, es waren Äußerungen anderer über
ihn. Im selben Brief bekannte er auch freimütig:
»Ich will nicht wissen, was ich bin. Sondern: für
was Du mich hältst!« Ein anderer gern erhobe-
ner Vorwurf lautet: Wenn er Frauen sprechen

oder singen lasse – und das ist nicht nur in seinen Stücken oft der Fall und in den Songs –, dann handle es sich bloß um männliche Wunschvorstellungen, die er auf weibliche Personen übertrage.

Jawohl, das alles trifft zu: Was die Dichter schreiben, ist nun einmal – ob man es gleich erkennen kann oder nicht – ichbezogen, und wenn sie von der Liebe sprechen, dann können sie nicht von sich selber absehen. Warum sollten sie auch? Und wie ist es mit den offenbar so verwerflichen männlichen Wunschvorstellungen? Es muß einmal gesagt werden: Ophelia und Cordelia, Romeos Julia, Tristans Isolde und Werthers Lotte, Gretchen und Klärchen und Käthchen, die Marquise von O. und jene Alkmene, deren Ach! uns ein Leben lang begleitet, die Ehebrecherinnen Anna Karenina, Emma Bovary und unsere arme Effi Briest – sie alle wurden von Männern geschaffen, sie alle sind Ausdruck männlicher Wünsche und Hoffnungen, männlicher Ängste und Schrecken.

Der Beitrag der Frauen zur deutschen Literatur ist nicht klein. Wir verdanken ihnen – von Annette von Droste-Hülshoff bis zu Ingeborg Bachmann und Sarah Kirsch – herrliche Gedichte. Einprägsame weibliche Figuren finden wir im

Werk deutscher Schriftstellerinnen nicht – auch nicht in den Romanen von Ricarda Huch oder Anna Seghers, die doch in erster Linie Erzählerinnen waren. Das wird sich vielleicht im nächsten Jahrhundert ändern. Vorläufig aber ist es so und nicht anders. Warum? Letztlich wissen wir es nicht. Aber wir sollten es nicht verheimlichen.

Das radikalste Bekenntnis zur männlichen Sicht und also zur Egozentrik der eigenen Liebe hat wohl Franz Kafka formuliert. Ohne Umstände bekannte er seiner Freundin Milena Jesenská: »Und dabei liebe ich doch gar nicht Dich, sondern mehr, sondern mein durch Dich mir geschenktes Dasein.« Sein durch die Liebe zu einer Frau ihm geschenktes Dasein hat Brecht gern und oft in Rollengedichten besungen, in Versen also, die er, um das, was er sagen wollte, zu verfremden und so zu verdeutlichen, von einer Frau sagen ließ. Das Gedicht »Morgens und abends zu lesen«, 1937 für Ruth Berlau geschrieben, ist, wie schon der Titel andeutet, als Gebet gemeint:

> Der, den ich liebe
> Hat mir gesagt
> Daß er mich braucht

Darum
Gebe ich auf mich acht
Sehe auf meinen Weg und
Fürchte von jedem Regentropfen
Daß er mich erschlagen könnte.

Auch das viel später, das 1950 entstandene Gedicht »Als ich nachher von dir ging« ist ein Rollengedicht, in dem Brecht wiederum die Geliebte sprechen läßt. Wenn man unbedingt will, mag auch dieses Gedicht von männlicher Sicht zeugen. Hier berichtet ein Mädchen, es habe in einer Abendstunde etwas Außergewöhnliches erlebt. Allerdings möchte es darüber nichts Genaueres mitteilen. Sicher ist, daß es von diesem Erlebnis ganz in Anspruch genommen war – so sehr, daß es nicht recht wahrnehmen konnte, was ringsherum geschah: Erst nachher, als es von jenem wegging, den es besucht hatte, fing es wieder an, richtig zu sehen.

Was den Tag zum »großen Heute« machte, wir erfahren es nicht. Aber wir können uns denken, daß es sich im Bett abgespielt hat. Jetzt, auf dem Heimweg, sieht sie, die Liebende, um sich lauter lustige Leute, grüner scheinen ihr Baum und Strauch und Wiese, alles ist anders geworden. Ihr Selbstvertrauen ist gewachsen – sie glaubt

schon, einen schönern Mund zu haben und ge-
schicktere Beine. Ohne das Wort »Liebe« zu verwenden, zeigt Brecht, was sie zu bewirken vermag – eine überraschende Intensivierung des
Lebensgefühls, eine ungeahnte Steigerung unseres Daseins. Das kann man natürlich knapper
sagen: Er zeigt das Glück der Liebe.

Dieses Glück rühmt auch jenes in der Verto-
nung populäre, aber oft mißverstandene Duett,
das Mackie Messer und Polly Peachum, während
ihrer Hochzeit im Pferdestall, im ersten Akt der
»Dreigroschenoper« singen. Es ist ein Sonett, das
mit den Versen beginnt:

> »Siehst du den Mond über Soho?«
> »Ich sehe ihn, Lieber
> Fühlst du mein Herz schlagen, Geliebter?«
> »Ich fühle es, Geliebte.«
> »Wo du hingehst, da will ich auch hingehn.«
> »Und wo du bleibst, da will ich auch sein …«

Das ist, versteht sich, Ironie und Parodie, ironi-
sches Zitat und parodistische Collage – vom
Mond, dem klassischen Motiv der erotischen
Dichtung, bis hin zum Bibelwort. Doch was von
der Ironie und von der Parodie verborgen wird,
ist nichts anderes als der Ernst der Liebe, nichts
als ihr Pathos und ihre Poesie.

Das Rollengedicht, die ironische Brechung, die parodistische Distanzierung – das sind althergebrachte Ausdrucksmittel, deren sich jedoch der Lyriker Brecht von Anfang an so unkonventionell, so sicher wie bravourös bediente. Aber er war auf keines dieser Mittel angewiesen. Das beweist ein Gedicht, das in unserem Jahrhundert und in deutscher Sprache nicht seinesgleichen hat. Als man sich in der Wiener Universal-Edition 1927 Gedanken über die neue, noch nicht abgeschlossene Oper von Brecht und Weill machte – über »Aufstieg und Fall der Stadt Mahagonny« –, meinte der Direktor des Verlags, diesem Bühnenwerk voll derber »Wildwest-Realistik« würde ein Gegengewicht oder Kontrastmotiv gut anstehen – also etwas Positives, Menschliches, vielleicht gar etwas Zartes. Das Gedicht, das Brecht nun rasch lieferte – offenbar war es ein schon vorhandener, jetzt ein wenig erweiterter Text, der als Duett gesungen wird –, eignet sich für »Mahagonny« überhaupt nicht: Er sprengt Stil und Atmosphäre, er ist innerhalb dieser Oper ein Fremdkörper – aber ein wunderbarer.

In einem primitiven Bordell, vor dessen Eingang sich eine Schlange wartender Männer gebildet hat, sitzen sie nebeneneinander: Paul Ackermann, ein Holzfäller, und Jenny, eine der

Huren der Stadt Mahagonny – nebeneinander, doch, wie ausdrücklich betont wird, in einigem Abstand. Er raucht, sie schminkt sich. Inmitten dieser rohen und brutalen Welt singen die beiden die »Terzinen über die Liebe«.

»Sieh jene Kraniche in großem Bogen!« – so der erste Vers. Diese Kraniche, die »im Fluge beieinander liegen« – sie kommen aus der Weltliteratur, aus Dantes »Göttlicher Komödie«. Die beiden Vögel symbolisieren ein Paar, das glücklich und unglücklich zugleich war: Francisca da Rimini und Paolo Malatesta, die, da ihre Liebe als verbrecherisch galt, mit dem Tode bestraft und ins Inferno verbannt wurden. Sie »entflogen aus einem Leben in ein andres Leben«, also aus dem Dasein auf Erden in die Hölle, wo sie nun, nebeneinander fliegend, miteinander sein dürfen.

Brechts Verse von den Kranichen meinen die beiden Verbrecher aus Liebe und zielen zugleich auf alle Liebenden. Denn sie alle kommen doch aus einem Leben in ein anderes, genauer: aus dem irdischen Alltag in das überirdische Dasein. Sie fliegen, »einander ganz verfallen«. Und »wenn sie nur nicht vergehen und sich bleiben«, dann »kann sie beide nichts berühren«. Doch wohin fliegen die Liebenden? Das Gedicht informiert uns: »Nirgend hin.«

Ihr Flug hat kein Ziel. Und von wem sind sie entfernt? Die Antwort ist wieder lapidar: Von allen. Denn sie sind einsam, die Liebenden. Und wie lange sind sie schon beisammen? Erst seit kurzem. Wann werden sie sich trennen? Bald. Denn die Liebe ist vergänglich.

Was also gibt den Liebenden – und sei es nur für eine kurze Zeitspanne – einen Halt? Nichts anderes als die Liebe selbst. Aber Brecht, der Kenner der Liebe, macht uns nichts vor. Der letzte Vers seines Gedichts ist hart und zweideutig: »So scheint die Liebe Liebenden ein Halt.« Das kann ja heißen, daß von der Liebe ein Schein ausgeht, der die Liebenden tröstet und ihnen einen Halt bietet. Man kann es aber auch anders verstehen – daß nämlich ihnen nur vorkommt, als sei die Liebe ein Halt.

Ein Rollengedicht ist das mit Sicherheit nicht. Es sind ja nicht die Stimmen des Holzfällers und seiner Partnerin, der Hure, die wir hier hören. Es ist die Stimme des Dichters. Er selber ist es, der die beiden Kraniche besingt, die, von Wolken begleitet, sich den schönen Himmel teilen, den Himmel der Liebe.

Doch konnte Brecht von der Liebe auch ganz unfeierlich sprechen, ohne die Stimme zu erheben und ohne Pathos, ohne jegliche Verfremdung und ohne Distanzierung. Zuweilen hat er bloß Fragen in der Sprache des Alltags gestellt, ganz schlicht und einfach:

Schreib mir, was du anhast! Ist es warm?
Schreib mir, wie du liegst! Liegst du auch weich?
Schreib mir, wie du aussiehst! Ist's noch gleich?

Im vierten Vers, der dem Muster dieser drei vorangegangenen folgt, findet sich dann die überraschende und überzeugende, die auch ergreifende Pointe:

Schreib mir, was dir fehlt! Ist es mein Arm?

In Brechts Gedichten und Liedern haben sie sich wiedererkannt, die Liebenden in beiden Teilen Deutschlands. Nach seinen Versen haben ganze Generationen vom Blatt geliebt: Seine Worte haben die Zungen der Liebenden gelöst. Nur der Liebenden? Wie kein anderer Dichter dieses Jahrhunderts hat er unser aller Sprache geprägt, geformt und bereichert. Unsere Vorfahren pflegten bei jeder passenden Gelegenheit Schiller zu zitieren, den »Wilhelm Tell« zumal – vom braven Mann, der an sich selbst zuletzt denke, bis hin zu jener Axt im Haus, die den Zimmermann erspare.

Doch Tell, der wackere Schütze, der am mächtigsten allein ist, wurde verdrängt von Mackie Messer, dem Banditen, dem man nichts beweisen kann. Die »Dreigroschenoper« ist das meistzitierte Werk des zwanzigsten Jahrhunderts: »Erst kommt das Fressen, dann kommt die Moral«, »Nur wer im Wohlstand lebt, lebt angenehm«, »Doch die Verhältnisse, sie sind nicht so«, »Denn für dieses Leben ist der Mensch nicht schlau genug«, »Und man siehet die im Lichte, die im Dunkeln sieht man nicht«. Der »Dreigroschenoper« entnehmen wir die Formulierungen »Wach auf, du verrotteter Christ« oder »Beneidenswert, wer frei davon«. Und aus der »Dreigroschenoper« stammen die so altmodisch klingenden und immer noch beliebten Fragen: »Was ist ein Dietrich gegen eine Aktie? Was ist ein Einbruch in eine Bank gegen die Gründung einer Bank?«

Brecht zitieren wir, bewußt und unbewußt, beinahe täglich. Die Politiker und die Journalisten, die Geistlichen und die Juristen, wir alle wiederholen seine Worte von dem Zöllner, der bedankt sein sollte, weil er dem Weisen seine Weisheit abverlangt, von den Zeiten, wo ein Gespräch über Bäume beinahe ein Verbrechen sei, von der bleichen Mutter Deutschland, die besudelt unter den Völkern sitze, von dem Schoß, aus dem das kroch und der fruchtbar noch, von dem Land, das unglücklich ist, weil es Helden nötig habe und – zumal früher in der DDR – von dem Einfachen, das schwer zu machen sei, von den Mühen der Gebirge, die hinter uns liegen, und von den Mühen der Ebenen vor uns. Er wußte es: »Wirklich, ich lebe in finsteren Zeiten« und »Auch der Haß gegen die Niedrigkeit verzerrt die Züge«. Er hielt sich an seinen Spruch »Mögen andere von ihrer Schande sprechen, ich spreche von der meinen«.

Wie alle großen Dichter hatte auch er keine Bedenken, das schon tausendfach Gesagte noch einmal zu sagen – aber er sagte es anders als alle seine Vorgänger. Nichts banaler als die Einsicht, daß auch die dunkelste Nacht schließlich ein Ende hat. Bei Brecht heißen die Verse, auf die sich unlängst ein deutscher Politiker in einem Fernseh-Gespräch berufen hat:

Am Grunde der Moldau wandern die Steine.
Es liegen drei Kaiser begraben in Prag.
Das Große bleibt groß nicht und klein nicht
    das Kleine.
Die Nacht hat zwölf Stunden, dann kommt
    schon der Tag.

Sein Gedicht »An die Nachgeborenen« endet mit der Bitte »Gedenkt unsrer mit Nachsicht«. Ja, wir gedenken Brechts mit jener Nachsicht, auf die jeder Sterbliche, also jeder Irrende Anspruch hat. Und wir können seiner auch ohne Nachsicht gedenken, denn gerade er, der Klassiker, bedarf ihrer am wenigsten. So gedenken wir seiner mit Bewunderung und mit Dankbarkeit: Der Platz Bertolt Brechts im Pantheon der deutschen Literatur ist ungeheuer oben.

ER UND SEINE KREATUR
Brecht und Ruth Berlau

Alles gaben die Götter, die unendlichen, dieser Ruth Berlau ganz – alle Freuden, die unendlichen, und alle Schmerzen, die unendlichen. Sie war jung und außergewöhnlich schön, sie wurde bewundert, sie lebte im Luxus. Was immer sie tat, sie war erfolgreich: Obwohl ihre schauspielerische Begabung offensichtlich bescheiden war, durfte sie auf der Bühne des ersten Theaters ihrer Heimatstadt Kopenhagen auftreten, und obwohl sich ihre journalistischen Fähigkeiten in engen Grenzen hielten, waren ihre Beiträge in den besten Zeitungen Dänemarks zu finden. Ein Roman, den sie verfaßte, wurde rasch gedruckt. Auch in erotischer Hinsicht konnte sie sich, gelinde ausgedrückt, nicht beklagen: Es habe – erinnert sich Ruth Berlau – keinen Mann gegeben, »der nicht sofort in mich verliebt war. Das sage ich ohne Übertreibung.« Ihre Ehe mit einem angesehenen Professor der Medizin war zumindest nicht unglücklich.

Schließlich leistete sich die aus einem bürgerlichen Milieu stammende junge Frau auch noch
eine Freizeitbeschäftigung, der sie Zufriedenheit
und Genugtuung verdankte – sie widmete sich
dem Kampf für die Neuordnung der Gesellschaft
und die Erlösung der Menschheit: »Ich war hun-
dertzwanzigprozentige Parteikommunistin.« Sie
gründete und leitete ein Arbeitertheater. In den
intellektuellen Kreisen Kopenhagens beurteilte
man ihre politische Aktivität eher mit freundli-
cher Nachsicht – als das etwas extravagante
Hobby einer verwöhnten Professorengattin – und
sprach von Salonkommunismus. Immerhin, sie
war als »rote Ruth« eine lokale Berühmtheit und
genoß es in vollen Zügen.

Im Herbst 1933 änderte sich ihr Leben schlag-
artig: Sie fuhr nach Thurö, um die dort lebende
Schriftstellerin Karin Michaelis zu einem Vortrag
nach Kopenhagen einzuladen. Bei ihr wohnte
zusammen mit seiner Familie der aus Deutschland mit gutem Grund verjagte Bertolt Brecht:
»Ich stand also unschlüssig mit meiner Schreib-
maschine vor dem Haus, als ich hinter mir ein
leises ›Hallo‹ hörte. Dieses zarte, fragende Rufen
ist, wie ich später erfahren habe, für viele Frauen
sozusagen der Inhalt ihres Lebens geworden.
Darauf haben sie gewartet, darauf haben sie ge-

baut und davon haben sie geträumt.« Halb zog er sie, halb sank sie hin – und schon war's um sie geschehen.

Wenn es zutrifft, daß es – wie Seneca behauptet – noch nie einen großen Geist gegeben hat ohne einen Schuß Wahnsinn, dann gilt dies wohl erst recht für die große Liebe. Wer weiß, ob zu ihrer Definition nicht auch die Gefährdung der Vernunft, ja der Zurechnungsfähigkeit des Individuums gehört oder eben die Nähe des Wahnsinns. Für Ruth Berlau jedenfalls – sie war damals 27 Jahre alt – verwandelte sich das ganze Dasein in ein wunderbares und zugleich grausames Märchen, aus dessen Bann sie sich nie lösen konnte. Mehr noch: nie lösen wollte. Diesen Wahnsinn hat auch Brechts Tod im Jahre 1956 nicht beendet, er dauerte bis zu jener Nacht im Januar 1974, da sie, längst schon eine menschliche Ruine, in einem Ost-Berliner Veteranenheim für Verfolgte des Naziregimes erstickt ist: Wahrscheinlich war sie, eine Zigarette rauchend, eingeschlafen.

Was ist es denn, das die Geschichte der Ruth Berlau zwar nicht unbegreiflich, aber eben märchenhaft und wahnsinnig macht? Manch einem Bewohner Kopenhagens erschien die junge Kommunistin als das Urbild einer emanzipierten Frau.

Was man heute Selbstverwirklichung nennt, das hat sie ihrer Umwelt auf exemplarische Weise vorgelebt – als Künstlerin und Journalistin, als Organisatorin und politische Aktivistin. Doch plötzlich waren ihr Gleichberechtigung und Emanzipation beinahe nebensächlich, nun fand sie ihre Selbstbestätigung, indem sie sich, wie eine Frau aus Großmutters Zeiten, einem Mann bedingungslos unterwarf. Sie wollte nichts anderes sein als Brechts Freundin und Vertraute, Gefährtin und Geliebte, mehr noch: seine ergebene Dienerin, seine Sklavin. Viele an ihn gerichtete Briefe unterschrieb sie mit den Worten: »Deine Kreatur«. Das wurde sie denn auch: seine Kreatur, sein Geschöpf.

Brechts erotisches Interesse an der überraschend aufgetauchten neuen Mitarbeiterin war allerdings zunächst gering. Zwar habe man sich oft gesehen – erinnert sie sich –, aber es dauerte zwei Jahre, »bevor ich mir meinen ersten Kuß abholte«. Zu diesem Zeitpunkt scheint die Beziehung jenen Grad der Intimität erreicht zu haben, der Ruth Berlau veranlaßte, sich von ihrem Mann zu trennen. Er aber wollte sich nicht scheiden lassen, da er meinte, sie werde nach einem halben Jahr zurückkehren: »Zweite Violine kannst du nicht spielen.« 1951 schrieb sie in einem Brief an Peter Suhrkamp: »Ich habe gelernt, die fünfte Violine bei Brecht zu spielen. Ich liebe.«

Über die Ursachen seiner zwar spontanen, doch vorerst zurückhaltenden Zuneigung zu ihr hatte Ruth Berlau keine Illusionen: »Der Mangel an Mitarbeitern war der Grund, warum er sich so an mich klammerte.« Und sie war eine unersetzliche und für sehr verschiedene Aufgaben verwendbare Helferin. Sie kannte zahllose Literaten, Theaterleute und Politiker in Dänemark und auch in den anderen skandinavischen Ländern, und sie war jederzeit bereit, zugunsten von Brecht zu intervenieren.

Sie machte sich nützlich als Sekretärin, die nicht müde wurde, seine Manuskripte zu kopieren und Korrekturen zu übertragen. Sie sorgte dafür, daß die Zeitungen, die dänischen zumal, möglichst oft Artikel über Brecht publizierten und ihn gelegentlich interviewten. Erwartete er Gäste, die über Kopenhagen kamen – er wohnte nun in dem kleinen Ort Skovsbostrand bei Svendborg auf Fünen –, dann wurde die Berlau angewiesen, sie vom Bahnhof abzuholen und in ihrem Wagen zu ihm zu bringen.

Als seine Berliner Geliebte und Sekretärin Margarete Steffin in Dänemark anlangte, war Brechts Situation nicht ganz einfach: Seine Frau,

Helene Weigel, weigerte sich hartnäckig, die Steffin in ihrem Haus aufzunehmen. Ruth Berlau erhielt ein lapidares Telegramm (»Bitte abholen Mitarbeiterin Margarete Steffin«) und beherbergte sie drei Monate lang in ihrer Kopenhagener Wohnung – bis schließlich die Weigel ihren Widerstand aufgab.

Überdies hatte Ruth Berlau Geld und war offenbar sehr großzügig. Da Brecht, wenn er nach Kopenhagen kam, Hotels meiden wollte, sie aber noch zusammen mit ihrem Mann wohnte, kaufte sie für die Treffen mit dem Stückeschreiber ein in der Nähe der Stadt gelegenes Häuschen. Sie schenkte ihm auch, was er unbedingt haben wollte: ein kleines Auto. Die 1939 in Kopenhagen gedruckte Ausgabe seiner »Svendborger Gedichte« hat sie nicht nur überwacht, sondern auch finanziert. Übrigens erschien dieses Buch mit dem von Brecht dringend gewünschten Vermerk: »Herausgegeben unter dem Patronat der Diderot-Gesellschaft«. Hierzu Ruth Berlau: »Er hat viel Mühe und Zeit aufgewendet, eine Diderot-Gesellschaft zu gründen, aber leider ist sie nicht zustandegekommen.«

Indes waren es mit Sicherheit nicht nur die praktischen, also die ihm seine berufliche Tätigkeit erleichternden Umstände, die Brechts Verhältnis zu und mit Ruth Berlau bald vertieften. In einem seiner Exilgedichte heißt es: »Lehren ohne Schüler / Schreiben ohne Ruhm / Ist schwer.« Und: »Dort spricht der, dem niemand zuhört.« In der Tat war Brecht auf das Gespräch angewiesen, er wollte täglich über seine jüngste Arbeit reden und womöglich diskutieren, er brauchte, was in der dänischen Einsamkeit nicht so leicht zu haben war: geduldige und aufmerksame, mehr noch – begeisterte Zuhörer.

Ruth Berlau hatte dies sofort erkannt, und sie war bereit und imstande, eine ideale Zuhörerin zu sein. Sie äußerte sich stets zu dem, was ihr Brecht mitzuteilen hatte, indes: »Ich fand alles herrlich, was er schrieb, zeigte es anderen, kam dann zurück und berichtete, was sie dazu gesagt haben.« Oft wird behauptet, er habe Skeptisches über seine gerade entstehenden Manuskripte mit Interesse zur Kenntnis genommen. Ruth Berlau allerdings sieht das etwas anders: »An Brecht kam Kritik nur heran und wurde für ihn verwendbar, wenn sie in großer Liebe vorgebracht wurde. Das habe ich, glaube ich, schnell mitbekommen. Es gab Zeiten, in denen man nichts Negatives sagen durfte. Man durfte nur auf das Positive eingehen und mußte die Kritik zurückhalten.« In seinen späten Jahren, in Berlin also, habe er sich vor allem mit Menschen umgeben, die – so Ruth Berlau – »mit offenem Mund dasaßen und nur gut zuhörten«. Hatte irgend jemand etwas einzuwenden, ließ seine Mißbilligung nicht auf sich warten: »Brecht wurde dann sehr schnell diktatorisch zu den Schülern.«

Bewunderung, Verehrung, Anbetung – damit konnte Ruth Berlau dem Meister dienen, so kontinuierlich wie aufrichtig. Als der Malik-Verlag mit der Ausgabe seiner »Gesammelten Werke« begann, war Brecht unsicher, ob er sich »Bert« oder vielleicht doch »Bertolt« nennen sollte. Die Berlau plädierte für »Bertolt«, und zwar mit der Begründung: »Willi statt William wäre seinerzeit auch nicht richtig gewesen.« Brecht habe dies »mit einem Grinsen« akzeptiert. War Brecht größenwahnsinnig? Die Frage stellen heißt freilich eine andere provozieren: Hätte er sein Lebenswerk schaffen können, ohne größenwahnsinnig zu sein? Und gilt das nicht auch für seine extreme, seine unbeirrbare Egozentrik, mit der sich abfinden mußte, wer in seiner Nähe bleiben wollte?

Als sich während des Aufenthalts in Dänemark der Gesundheitszustand der lungenkranken Margarete Steffin erheblich verschlechtert hatte und der behandelnde Arzt die Einweisung in ein Krankenhaus für unumgänglich hielt, soll Brecht – in Kopenhagen wurden gerade seine »Rundköpfe und Spitzköpfe« geprobt – erklärt haben: »Jetzt kann sie nicht im Krankenhaus liegen, denn ich brauche sie.« Als er im April 1939 seinen Wohnsitz von Dänemark nach Schweden verlegte und ein Jahr später nach Finnland ging, wo er die nächste Übersiedlung vorbereitete (natürlich nicht in die benachbarte Sowjetunion, sondern in die Vereinigten Staaten), hatte er keinerlei Hemmungen, Ruth Berlau (noch von Stockholm aus) zu schreiben: »Von jetzt ab warte ich auf dich, wohin immer ich komme, und ich rechne immer mit dir.«

Warum hat er sie »bedrängt, eigentlich gezwungen«, ihm in die Fremde, ins Ungewisse zu folgen? Sie selber sagt es klar: »Ausschlaggebend waren nicht in erster Linie Privatangelegenheiten, sondern ihm ging es hauptsächlich um seine Arbeit. Jemand mußte da sein, der ihm zuhört.« Das ist schon wahr, nur hatte Brecht das keineswegs verheimlicht. In jenem Brief aus Stockholm heißt es weiter: »Und ich rechne nicht wegen dir auf dein Kommen, sondern wegen mir, Ruth.« Ja, er hat sie gleichsam gezwungen. Aber sie hat sich gern zwingen lassen.

Sie folgte ihm also nach Finnland und über

die Sowjetunion in die Vereinigten Staaten, sie kam zu ihm in die Schweiz und schließlich nach Ost-Berlin. Von den vielen Frauen um Brecht war nur Helene Weigel noch länger mit ihm zusammen. Was sich in jener Zeit zwischen den beiden abgespielt hat, ergibt eine Geschichte von außergewöhnlicher Dramatik und außergewöhnlichen Folgen. Die Literarhistoriker wissen, in wie hohem Maße Ruth Berlau – ebenso durch ihre Existenz wie durch ihre aufopferungsvolle Arbeit – zum Werk Brechts beigetragen hat. Davon zeugen viele seiner Gedichte und Parabeln und auch einige wichtige Stücke (etwa der »Gute Mensch von Sezuan« und der »Kaukasische Kreidekreis«).

Man sollte sich hüten, diese Geschichte bloß aus der Sicht Ruth Berlaus zu sehen. Von ihr darf man eine gerechte Darstellung – sofern in Sachen Liebe Gerechtigkeit überhaupt möglich ist – am wenigsten erwarten. Als sich Brecht nach der Rückkehr aus Amerika von der schnell alternden und vom Alkohol zerstörten Frau abwenden und die Liebesbeziehung in ein Arbeitsverhältnis umfunktionieren wollte, da fühlte sie sich mißhandelt, sie war verbittert und verzweifelt. Wen könnte es wundern, daß sie jetzt, rückblickend, eher vom Unrecht sprach, das ihr angetan wurde, als von dem Glück, das sie, kein Zweifel, Brecht verdankte?

In ihrem Tagebuch notierte sie 1951: »Seit ich Dänemark verlassen habe, bin ich meistens allein, alle langen Abende, alle Sonntage, zu Weihnachten, am Neujahrstag, an meinem und an seinem Geburtstag. Während der drei Jahre in Berlin wurde ich nicht einmal eingeladen.« Etwa ein Jahr lang lebte sie in Hollywood in Brechts Nähe, durfte indes, wenn seine Freunde (zumal prominente wie Charles Laughton oder Lion Feuchtwanger) ihn besuchten, nicht dabeisein; er soll ihr gesagt haben: »Komm lieber nicht, das stört Helli.« Brecht habe ihr fünfzehn Jahre lang verboten zu lächeln. Er sprach von ihrem »Hurenlächeln«. So sei sie, die Männer liebte, grau geworden.

Dies alles hinderte die Berlau nicht, für Brecht zu tun, was er von ihr verlangte: Sie sammelte Materialien, stellte Kontakte her, führte Verhandlungen und schuf, indem sie Hunderte und Tausende von Manuskriptseiten fotografierte, das Fundamt des späteren Brecht-Archivs. Die Wochen und Monate, die Brecht in ihrer kleinen Wohnung in New York verbrachte – wobei übrigens seine Aufenthalte stets von ihr finanziert wurden –, waren wohl die schönsten in ihrem Leben.

Daß sie einst als Schauspielerin und Schriftstellerin produktiv sein wollte, hatte sie nicht ganz vergessen können. Als sie es wagte, sich einmal zu beklagen, antwortete ihr Brecht, wie es seine Art war, mit einer Parabel. Sie findet sich unter dem Titel »Lai-tus Wert« am Ende seines Buches »Me-ti«; das Fazit lautet: »Es ist richtig, daß du noch keine Leistung geliefert hast. Deine Güte wird festgestellt und gewürdigt, indem sie in Anspruch genommen wird. So erwirbt der Apfel seinen Ruhm, indem er gegessen wird.«

In dem vorher zitierten Brief an Peter Suhrkamp schrieb Ruth Berlau 1951: »Mich hat er immer behandelt wie den letzten Dreck – leider liebe ich ihn.« Zu fragen wäre hier, ob diese bittere Äußerung tatsächlich im Widerspruch zu Brechts (im Grunde inhumaner) Parabel steht oder gar von ihr bestätigt wird – ob also ein Mann, der eine Frau wie einen Apfel verschlingt oder verbraucht, diese nicht doch »wie den letzten Dreck« behandelt. Der Gedanke, daß er seine Geliebte verletzte und erniedrigte, war dem Stückeschreiber offenbar fremd. Er meinte vielmehr, daß er Ruth Berlau, indem er ihr erlaubte, ihm zu helfen, auszeichnete und erhöhte. Für sie wiederum war es am Ende doch selbstverständlich, alle Kränkungen und Beleidigungen hinzunehmen.

Aber so gewiß sie in eine mehr ersehnte als ge-
fürchtete und letztlich erschreckende Abhängigkeit von Brecht geraten war, so sicher war ande-
rerseits auch er in hohem Maße von ihr abhängig
– zumindest während des für ihn aus vielerlei
Gründen besonders schweren Aufenthalts in den
Vereinigten Staaten. Schon seine bisher veröf-
fentlichten Briefe an Ruth Berlau lassen dies mit
großer Deutlichkeit erkennen; und viele weitere
Briefe an dieselbe Adressatin werden leider immer noch unter Verschluß gehalten. Die Theorie,
die Liebe sei für Brecht bloß ein Element und ein
Motor der dichterischen Produktion gewesen,
überschätzt wenn nicht seine Kühle und Härte,
so jedenfalls seine Unerschütterlichkeit und
Selbstzucht – und unterschätzt zugleich die Un-
berechenbarkeit der Liebe. Auch er war dagegen
nicht gefeit. Nun ja, er benutzte zynisch die
Frauen, in die er sich verliebte – doch bisweilen
verliebte er sich in jene, die er nur benutzen
wollte.

In den letzten Jahren Brechts war Ruth Berlau,
verzweifelt und von Eifersucht gepeinigt, fest
entschlossen, ihm das Leben zur Hölle zu machen: Sie hinderte ihn an der Arbeit, sie hat ihn
sogar (im Haus am Schiffbauerdamm) geschla-
gen. Immer mehr verfiel sie dem Alkohol und

mußte mehrfach in psychiatrische Anstalten eingewiesen werden. Im März 1950 versuchte sie, Selbstmord zu verüben. In einem Brief, den sie dem behandelnden Arzt schrieb, heißt es: »... Aber mein Leben wollte ich mir nicht nehmen, und ich werde es mir auch nie nehmen. Ich hatte einen furchtbar starken, 45prozentigen Wodka getrunken und spielte mal Ophelia, damit B. endlich eine Nacht bei mir blieb, was er mir so lange versprochen hatte.«

EIN GENIE UND EIN ARMER HUND
Brecht in seinen Briefen

Während Bertolt Brechts »Arbeitsjournal« einem Selbstgespräch gleicht, einem szenischen freilich, dessen Sprecher nie die Zuhörer vergißt, sind seine Briefe, von einigen aus der Jugendzeit abgesehen, frei vom Monologischen. Und anders als die Briefe Rilkes oder Thomas Manns wenden sie sich nicht etwa an die Mitwelt oder gar an die Nachwelt, sondern tatsächlich an die Adressaten, für die sie bestimmt sind. Brecht will sie befragen oder informieren, überzeugen oder zur Ordnung rufen. Immer hat er Konkretes im Sinn.

Das Bedürfnis, sich zu artikulieren, dem die meisten bedeutenden Briefe ihre Entstehung verdanken, ist in seiner frühen Korrespondenz spürbar, spielt hingegen in den späteren Jahren nur noch selten eine nennenswerte Rolle. Weil er seinen Blick stets auf den Adressaten richtete, konnte ihm nicht passieren, was anderen, weniger disziplinierten Schriftstellern – etwa Joseph Roth – in ihren Briefen häufig unterlief: Was als

Mitteilung begann, blieb bei Brecht immer in den Grenzen einer Mitteilung und geriet ihm nie (und man mag dies bisweilen bedauern) zu einem Feuilleton, zu einer Reportage oder einem Leitartikel.

Äußerungen und Reflexionen über ästhetische, zeitgeschichtliche oder sonstige allgemeinere Aspekte bietet diese epistolographische Prosa verhältnismäßig selten, und sie sind fast immer auffallend knapp. Die Diktion der Briefe ist in der Regel einfach und nüchtern, oft nachlässig und schlampig. Zwar fehlt es nicht an pointierten Formulierungen, darauf indes kam es Brecht nicht an. »Aber ich habe Ihnen immer gesagt, daß ich keine Briefe schreiben kann.« Das sollte seine Freundin Dora Mannheim glauben. Doch war dies pure Koketterie: Er konnte, wenn er bloß wollte, wunderbare Briefe verfassen. Daß ihm diese Tätigkeit wichtig war, ist immer wieder offenkundig. Nur wollte er sie sich so schnell wie möglich vom Hals schaffen.

Gern sprach Brecht von der Einschüchterung durch Klassizität. Und mochte dies im Widerspruch zu manchen seiner Anschauungen stehen – er selber hat es häufig darauf abgesehen, seine Leser und auch seine Korrespondenzpartner eben einzuschüchtern: mit scheinbar makelloser Sachlichkeit, mit ostentativer Trockenheit. Aber je mehr man sich in die Briefe vertieft, desto deutlicher sieht man, daß bei dieser Sachlichkeit und dieser Trockenheit ein Dichter Schutz suchte, der, von außergewöhnlichem Ehrgeiz getrieben und keineswegs robust, unentwegt auf andere Menschen angewiesen war.

Natürlich sind alle Schriftsteller, denen am Echo gelegen ist, von ihrer Umwelt abhängig. Auf die Theaterdichter trifft dies jedoch in einem noch höheren Maße zu als auf die Romanciers oder Lyriker. Diese brauchen Verleger, Kritiker, Übersetzer und, versteht sich, Bewunderer. Jene müssen sich um die Gunst auch noch der Intendanten bemühen, der Regisseure und der prominenten Schauspieler. Brechts mit dem wachsenden Ruhm keineswegs nachlassende Abhängigkeit und seine unübersehbare Hilfsbedürftigkeit machten ihn schließlich zu einem – man kann es nicht anders ausdrücken – bemitleidenswerten Individuum: Er war ein Genie und zugleich ein armer Hund. Seine Korrespondenz besteht zu einem großen Teil aus Bittbriefen, deren mitunter schon devote Tendenz er freilich glänzend zu tarnen wußte.

Als er im Januar 1949 Gustaf Gründgens bat, seine »Heilige Johanna der Schlachthöfe« zu inszenieren – und es fiel Brecht gewiß nicht leicht, sich an jenen zu wenden, der noch wenige Jahre zuvor Intendant und Staatsrat von Görings Gnaden gewesen war –, da schrieb er einen nur zwei Zeilen umfassenden (überaus effektvollen) Brief: »Sie fragten mich 1932 um die Erlaubnis, ›Die heilige Johanna der Schlachthöfe‹ aufführen zu dürfen. Meine Antwort ist ja.«

Aber diese Bittbriefe betreffen nicht nur die berufliche, die geschäftliche Sphäre. Als Taktierer und Paktierer kennen wir Brecht längst und zur Genüge. Unzählige Male hat man ihn als raffiniert und mehr oder weniger skrupellos charakterisiert. Man hat ihn als schlau und listig abwechselnd denunziert und glorifiziert. Mit Zitaten aus seinen Tagebüchern und anderen Zeugnissen läßt sich belegen, daß er um jeden Preis Karriere machen wollte und eben deshalb die Abhängigkeit von anderen Menschen fürchtete, zumal der Liebe mißtraute: Er meinte, sie könne oder müsse seine Bewegungsfreiheit gefährden.

Das alles ist so richtig wie einseitig. Denn zugleich hat dieser Mann – die Briefe zeigen es mit hinreichender Deutlichkeit – ein Leben lang gebeten und geworben: um Herzlichkeit, Wärme, Freundschaft, Liebe. Er war längst der Pubertät entwachsen (nämlich immerhin schon über zwanzig Jahre alt), als er an den Freund Caspar Neher

Briefe schrieb, die so voll Leidenschaft und Sehnsucht sind, daß man an eine veritable Liebesgeschichte glauben könnte: »Ich bin kein Optimist. Ich weiß nicht, ob Du je wiederkommst.« Und: »Ich habe Dich fast nie *so* vermißt.« Oder: »*Mit* dem Schild oder *ohne* Schild! Nur komm! ... Ich erwürge Dich! (Wenn Du nur dazu da wärst!)« Und wie in einem klassischen Liebesbrief wird dem Freund das Glück angedeutet, das auf ihn warte: »Wahrscheinlich kannst Du Dir nicht mehr vorstellen, wie es ist, wenn Du wieder bei mir bist! Dann wirst Du von Sonne wieder ganz durchwärmt werden, kleiner Cas!«

Über Brechts Verhältnis zu Frauen ist schon viel gesagt worden. Doch will es scheinen, daß jene, die auf dieses Thema eingingen, fast immer (bewußt oder unbewußt) unter dem Einfluß seiner eigenen Äußerungen standen, etwa der vielzitierten vierten Strophe des Gedichts »Vom armen B. B.«, in der er, offensichtlich um Nonchalance bemüht, erzählt, er setze mitunter ein paar Frauen in seine leeren Schaukelstühle und betrachte sie sorglos: »In mir habt ihr einen, auf den könnt ihr nicht bauen.«

Kein Zweifel, in den frühen und mittleren zwanziger Jahren, aus denen auch dieses zu Recht berühmte Gedicht stammt, gefiel sich Brecht in der

Rolle des harten Mannes, er hatte eine Schwäche für den damals eher modischen als sonderlich auffallenden Kraftmeierton. Über Frauen schrieb er schnoddrig und zynisch, derb und bisweilen (so in seinen Tagebüchern) abstoßend brutal. Er habe sie, wollen uns manche Brecht-Forscher glauben machen, immer nur mißbraucht und ausgebeutet, die Liebe sei für ihn nicht mehr gewesen als gleichsam ein Element und Motor der dichterischen Produktion.

Aber wer seine erotische Lyrik, zumal die vielen stillen und behutsamen Verse, nicht nur oberflächlich kennt, mag sich mit dieser doch so simplen Lesart nicht abfinden: Man kann nicht ein Leben lang Frauen nur »benutzen« und bare Vielweiberei praktizieren und zugleich Liebesgedichte schreiben, die zu den zärtlichsten und schönsten der deutschen Literatur gehören. Schon 1921, also in seiner anarchischen Periode, notierte er im Tagebuch: »Der Geschäftsmann ist Idealist in der Rede, Zyniker in der Tat, der Literat umgekehrt.«

Dem Briefband lassen sich einige seiner erotischen Geschichten ablesen, er bietet Ausschnitte, Umrisse und Anhaltspunkte. Aber wir werden, alles in allem, nur bruchstückhaft unterrichtet. Denn abgesehen davon, daß viele Dokumente nicht mehr vorhanden sind, umfaßt die Sammlung kaum mehr als ein Drittel der bisher bekannten etwa 2400 Briefe, Briefentwürfe, Postkarten und Telegramme Brechts. Es seien, behauptet der Herausgeber Günter Glaeser, sämtliche Briefe, »die aussagekräftige Informationen zum biographischen Umfeld, zum Persönlichkeitsbild sowie zur Werk-, Wirkungs- und Zeitgeschichte vermitteln«.

Im offenkundigen Widerspruch hierzu erfahren wir nur wenige Zeilen weiter, daß in dieser Ausgabe die Briefe fehlen, »die legislativ fixierte Persönlichkeitsrechte berühren, sich überwiegend auf die Privatsphäre beziehen oder von den jeweiligen Rechtsinhabern z. Z. noch sekretiert sind«. Da haben wir die Bescherung. Denn, so darf man wohl fragen, wie viele unter den rund 1600 Briefen, die ausgespart werden mußten, berühren Persönlichkeitsrechte und beziehen sich auf die Privatsphäre, also gewiß auch, wenn nicht vor allem, auf Erotisches? Hundert? Oder vielleicht gar fünfhundert?

Sicher ist jedenfalls, daß wichtige Dokumente, von deren Existenz wir wissen, weil sie in den letzten Jahren in verschiedenen Publikationen zitiert wurden, weggelassen werden mußten. Der Herausgeber hatte also Grund genug, darauf hinzuweisen, daß diese Briefausgabe »als vorläufig gelten« müsse. Werden die Rechtsinhaber einsichtig sein und in absehbarer Zeit jene Brecht-Briefe freigeben, die einen zweiten Band ermöglichen würden?

Indes: Wozu brauchen wir diese Zeugnisse, die Intimes, zumindest Persönliches betreffen? Ist es etwa gewöhnliche Neugier, die nach den noch unpublizierten Briefen fragen läßt? Ja, so ist es: Ich möchte über das Individuum Bertolt Brecht und sein Leben möglichst viel erfahren. Es wäre pure Heuchelei, wollten wir auf Bereiche verzichten, die von so zentraler Bedeutung für seine ganze Existenz waren wie eben das Erotische und das Sexuelle.

Zugleich gibt es – und das ist schließlich eine Banalität – ein nicht zu unterschätzendes wissenschaftliches Interesse an den intimen Zonen des menschlichen Daseins. Als Arnold Zweig 1934 eine Nietzsche-Biographie plante, hat ihn Sigmund Freud nachdrücklich gewarnt, denn: »Man kann einen Menschen nicht durchleuchten, wenn man seine Sexualkonstitution nicht kennt, und die Nietzsches ist völlig rätselhaft.« Wie wenig wissen wir in dieser Hinsicht über Kleist, über Heine, über nahezu alle Genies vergangener Jahrhunderte.

Und die Diskretion? Wer literarische Werke schreibt und publiziert, darf sich nicht wundern, daß die Öffentlichkeit über seine Person, das Intime nicht ausgeschlossen, unterrichtet sein will. Ohnehin gilt ja dieses Interesse Menschen, die nicht gerade schamhaft sind und es auch nicht sein können, weil ihr Beruf einen gewissen Exhibitionismus voraussetzt. Goethe hat es gewußt. In seinem »West-östlichen Divan« lesen wir: »Dichter ist umsonst verschwiegen, / Dichten selbst ist schon Verrat.«

Natürlich, ein verbriefter, ein juristischer Anspruch auf Informationen über das Privatleben genialer Künstler existiert nicht. Aber vielleicht ist dieser Anspruch in einem tieferen Sinne doch berechtigt? Wie dem auch sei: Je mehr Zeit verstrichen ist, desto leichter wird es, ihn zu erheben. Seit Brechts Tod ist mehr als ein Vierteljahrhundert vergangen, und die wohl wichtigsten Frauen in seinem Leben (Helene Weigel, Elisabeth Hauptmann, Margarete Steffin und Ruth Berlau) sind ebenfalls längst tot.

Er selber wäre der letzte gewesen, den Einfluß der Erotik auf sein Werk zu unterschätzen. In seinem Nachlaß fand man einen (angeblich Ruth Berlau gewidmeten) Dreizeiler mit dem Titel »Schwächen«:

Du hattest keine
Ich hatte eine:
Ich liebte.

Er wurde sich dieser Schwäche rasch bewußt, er beobachtete sie aufmerksam und kommentierte sie – zumal in den frühen Briefen – nicht ohne Verwunderung. Der Neunzehnjährige schrieb an Caspar Neher: »Die Rosa Maria ist nämlich nicht hübsch. Das war eine Legende, die *ich* erfunden hatte ... Aber ich habe sie gern. (Obwohl sie nicht klug und nicht lieb ist.) Ich habe sie durchaus immer noch gern. Es ist greulicher Unsinn.«

Dies erinnert an die (in einem Gespräch mit Riemer enthaltene) Bemerkung Goethes, derzufolge die meisten Menschen nicht das an dem anderen lieben, was er tatsächlich sei, sondern bloß ihre Vorstellung von ihm. Auch bei Brecht war es nicht anders: Fast vierzig Jahre lang verfuhr er mit den Frauen wie mit der kleinen, der angeblich weder hübschen noch klugen und doch, wie es in einem seiner Briefe heißt, »wundervollen« Rosa Maria – er erfand Legenden, in die er sich verliebte.

Während diese Frauen ihm allem Anschein nach verfallen waren und, ob seine Gattinnen oder seine Geliebten, in der Regel akzeptierten, daß er zur selben Zeit Verhältnisse auch mit anderen hatte und diese in seinem mit der Zeit immer größeren Produktionsbetrieb, seiner gut organisierten Schriftstellerei, als »Mitarbeiterinnen« beschäftigte, verfiel Brecht selber nicht unbedingt den vielbesungenen Objekten seiner Zuneigung, die zugleich als Projektionsflächen seiner Wünsche dienten. Er verfiel eher dem, was er als »greulichen Unsinn« bezeichnete: Bis zum Ende seines Lebens war er verliebt in die Liebe. Und so wurde er – ähnlich wie Kafka – zum Voyeur seiner eigenen erotischen Erlebnisse. Kafka indes (er deutete es in einer späten Tagebuch-Notiz an) liebte die Liebe unglücklich, Brecht glücklich – und schon deshalb ging er, anders als Kafka und unabhängig vom Verlauf und vom Ausgang seiner erotischen Erlebnisse, doch nie leer aus.

Er war stets beides zugleich: der Nehmende und der Gebende, ein Helfer und ein Beschützer und auch einer, der Hilfe brauchte und Schutz suchte. An Dora Mannheim schrieb er: »Ich fühle mich behandelt wie ein Waisenknabe. Haben Sie gar keinen Sinn für mein liebebedürftiges Herzchen?« Das war 1920, aber ähnliche, oft mit selbstironischen Wendungen getarnte Hilferufe finden sich auch in Brechts Briefen aus den dreißiger und vierziger Jahren. »Und behalte mich in der Erinnerung (und schreib mir ›deine‹ unter die Briefe)« – so im Dezember 1935 an Helene Weigel.

Die am ausführlichsten dokumentierte Liebesbeziehung, die zu der Dänin Ruth Berlau (65 der in diesem Band gedruckten Briefe sind an sie gerichtet), war wohl auch die schwierigste, die komplizierteste in seinem ganzen Leben. Nichts konnte Brecht weniger ertragen als dramatische Auseinandersetzungen mit Frauen, als große Szenen und laute Konfrontationen. Dies aber brauchte Ruth Berlau.

»Willst Du wirklich« – fragte er sie 1942 – »aus dem Exil nichts anderes machen als nur eine unendliche Lovestory mit Auf und Ab, Vorwürfen, Zweifeln, Verzweiflungen, Drohungen usw. usw.?« Er habe – beschwert sich Brecht – »immerfort Teste zu bestehen und Vorwürfe zu schlucken«. Er protestiert gegen ihren Ton, der »haßerfüllt und ironisch« sei, er wehrt sich gegen ihr »Übergehen von Liebe zu Haß, von Freundlichkeit zu Feindseligkeit«. Er will sich nicht demütigen lassen und bittet unentwegt eben demütig um Briefe: »Bitte schreib jeden Tag, wenn schwer, dann nur eine Zeile, Ruth.« Und wenig später: »Ich möchte sehr gern, daß Du jeden Tag schreibst, Ruth. Wie gesagt, wenn es heiß ist oder so, bin ich mit einer Unterschrift zufrieden.«

Als Brecht dereinst mit Paula Banholzer befreundet war, die übrigens wenig später die Mutter seines ersten Kindes wurde, teilte er, der Zwanzigjährige, Caspar Neher mit, daß die mit ihr verbrachten Wochen »sehr schön und sehr anstrengend« gewesen seien, daß aber jetzt »nur mehr Entferntsein die Verliebtheit retten« könne. Es scheint, als hätte auch Brechts Liebe zu Ruth Berlau mit dem »Entferntsein« zu tun. Jedenfalls lebte er damals in Los Angeles, wo er sich isoliert fühlte, während sie in New York wohnte. Er hat sie dort mehrfach besucht, ohne die weite Reise in Chicago auch nur für wenige Stunden zu unterbrechen: Die Stadt, in der er seine »Heilige Johanna der Schlachthöfe« hatte spielen lassen, interessierte ihn überhaupt nicht.

Nach einem dieser Besuche ermahnte er die Geliebte, »die Nachthemden, die weißen, großmütterlichen« der Nachbarin wegen wegzustecken: »Aber es war so gut von Dir, sie immer zu tragen. Ich sehe Dich immerfort darin.« Die Brecht-Forscher werden uns gewiß erklären, der Stückeschreiber sei auch im Bett ein konsequenter Anhänger des Verfremdungseffekts gewesen. Manch einen Leser mag wiederum trösten, daß die Liebesbeteuerungen des genialen und so menschlichen Dichters meist die Grenzen der Konvention nicht überschritten: »Meine letzte Mahlzeit, das nächtliche Butterbrot, esse ich (im Geist) mit Dir, ist Dir das recht?« Gelegentlich triumphiert – und auch das ist in einem gewissen Sinne tröstlich – der bare Kitsch: »... Da füllte eine silbrige Dünstung den Nachthimmel, und kein Sternbild war sichtbar. Jedoch wußte ich, Du schaust auch hinauf, und stand sozusagen neben Dir.«

In der Nachkriegszeit, in Ost-Berlin, wollte Brecht die Beziehung zu Ruth Berlau umfunktionieren: Nun gebe es, versuchte er sie 1950 zu belehren, wieder die »dritte Sache«, den Sozialismus also, und da müsse das Persönliche und Private zurücktreten. Offensichtlich ließ sich dieser Plan nicht verwirklichen: Im letzten Brief an Ruth Berlau, geschrieben in Brechts Todesjahr 1956, ist vom Sozialismus und von den großen Ideen und Aufgaben nicht mehr die Rede. Jetzt heißt es am Ende doch persönlich und privat und ganz einfach: »Ich wünschte so sehr, Ruth, daß alles zwischen uns wieder würde wie früher, auf einer neuen Basis, da wir ja nicht mehr so jung sind, besonders ich bin es nicht.« Und dann folgt noch ein schlampig formulierter, ein wunderbarer Satz: »Da wäre es gut, Dich so wo dabeizuhaben.«

Dennoch fällt es auf, daß Brecht in den vielen Briefen an Ruth Berlau vor allem von *seinen* Gefühlen zu ihr schreibt, von *seinem* Alltag, *seiner* Arbeit und *seinen* Plänen. Gewiß, mitunter heißt es: »Rauchst Du auch nicht wieder zu viel? Bitte, nicht. – Und laß die Ohren behandeln, sobald es geht.« Aber nie macht er sich ernsthaft Gedanken über die Frau, die ihm doch so wichtig ist. Auch hier war er wohl ungleich mehr in die eigene Liebe verliebt als in seine Geliebte.

Freilich kam im Erotischen mit besonderer Schärfe zum Vorschein, was Brechts Mentalität von Anfang an charakterisiert hatte: extreme Egozentrik und jener Egoismus, der sich durch nichts beirren ließ. Ende 1917 schrieb er an Caspar Neher: »Aber es ist so still im Land. Ich höre nur meine eigene Stimme.« Nein, das stimmt nicht: Es war in Deutschland 1917 keineswegs still. Doch wollte schon der neunzehnjährige Brecht nur die eigene Stimme hören – es sei denn Äußerungen anderer über ihn. Im selben Brief an Neher bekannte er freimütig: »Ich will nicht wissen, was ich bin. Sondern: für was Du mich hältst!«

Dies ist auch der Hintergrund, vor dem man

die vielen verächtlichen Bemerkungen Brechts über die Literatur und das Theater in seiner Zeit sehen muß. Daß sich Schriftsteller über die Arbeit ihrer Kollegen abfällig und boshaft zu äußern pflegen, wissen wir längst. Für sie gilt, was Racine in seiner Tragödie »Britannicus« Nero sagen läßt: »Ich umarme meinen Rivalen, aber um ihn zu ersticken.« Auch Brecht war in dieser Hinsicht von erstaunlicher Konsequenz und Hartnäckigkeit. 1917 konstatierte er knapp: »Ich bin für die Schließung der Theater – aus künstlerischen Gründen.« Die zeitgenössische junge Kunst erfülle ihn – so 1918 – »mit Widerwillen«: »Dieser Expressionismus ist furchtbar.« Wenig später: »... und die deutsche Literatur ist Schund ...«

Im Jahre 1926, als die Entwicklung des deutschen Theaters einen, von heute her gesehen, legendären Höhepunkt erreicht hatte, begann Brecht einen Brief an Fritz Kortner mit den schlichten Worten: »Glauben Sie mir: das Theater ist wirklich tot.« Dem Intendanten des Staatlichen Schauspielhauses in Berlin, Leopold Jessner, erklärte er, dieser biete der jungen Generation Werke, die tot seien und dieser Generation nichts mehr zu sagen hätten. Doch wozu die Belehrung? Der Schluß des Briefes sagt es deutlich:

Brecht erinnerte Jessner, daß er »mit Freude der Aufführung seiner ›Trommeln in der Nacht‹ am Staatstheater entgegensehe«.

Der Kritiker Herbert Jhering wird zur Ordnung gerufen, weil er im Kampf gegen das zeitgenössische Theater nachlasse: »Vom heutigen Theater ist nichts mehr zu retten, und je relativ besser es arbeitet, desto absoluter ist es zu bekämpfen.« Fast gleichzeitig wirft Brecht Jhering vor, daß er in dem (von Jhering geleiteten) Feuilleton des »Börsen-Courier« zu selten besprochen werde. Von Gerhart Hauptmann will er nichts wissen: »Mir können ›Die Weber‹ gestohlen werden, und auch der Henschel ...« – urteilt er 1927. Und 1928 schreibt Brecht aus Anlaß des sechzigsten Geburtstags von Stefan George: »Er hat wohl einen Haufen von Büchern in sich hineingelesen, die nur gut eingebunden sind, und mit Leuten verkehrt, die von Renten leben. So bietet er den Anblick eines Müßiggängers statt den vielleicht erstrebten eines Schauenden.«

Ebensowenig gefiel ihm, was damals von kommunistischen Autoren versucht wurde. Für die Aktivitäten, die im Herbst 1928 zur Gründung des »Bundes proletarisch-revolutionärer Schriftsteller« führten, hatte er nur Spott übrig. Er sprach von »proletarischen Schriftstellereibesitzern«, die so unbedeutend seien, daß sie »außer sich selber kaum noch Gegner« hätten. Ihre Absicht sei es lediglich, den proletarischen Markt für sich zu monopolisieren, es sei nur ein »Konsumverein«.

Im Exil ist es nicht anders. Er verhöhnt Thomas Mann, Heinrich Mann, Joseph Roth, Leonhard Frank und Hermann Kesten, Herbert Marcuse, Max Horkheimer und Friedrich Pollock, er nennt Alfred Kerr »eine der größten Säue der Epoche«, er ist sicher, daß »neunundneunzig Hundertstel aller Dramatik in die Rumpelkammer zu verweisen« seien, und beurteilt die in Moskau erscheinende Zeitschrift »Das Wort« wahrhaft unmißverständlich: »Es ist zum Kotzen.«

Und nach 1945? Er beschimpft den französischen Existentialismus, dessen Bühnenwerke er in der Nachbarschaft der »Schicksalstragödie« der Nazis sieht. Aber nach seiner Rückkehr ist Brecht ungleich vorsichtiger: Über zeitgenössische Autoren, zumal über solche, die in der DDR leben, äußert er sich nur noch positiv.

Zu einem Artikel von Becher hatte er 1943 notiert: »nachbar, euren speikübel!« Jetzt spricht Brecht – es geht um Bechers Stück »Winterschlacht« – von einem »großen Gedicht«, mit »frischen und dramatischen Schönheiten«, in dem sogar die Regiebemerkungen »sämtlich poetischer Natur« seien. Er lobt Hermlin, »dessen Gedichte mir sehr gefielen«, er behauptet, den unseligen, inzwischen vergessenen Parteibarden Kuba »sehr« zu schätzen, ja, er findet Bredels kümmerliche China-Reportage »Gastmahl im Dattelgarten« »inhaltlich und formal in gleicher Weise« bemerkenswert, was man allerdings auch ironisch verstehen kann. Wer Brechts Geschmack kennt, der weiß, daß hier kein einziges Wort aufrichtig war.

Das Bedürfnis, zu bewundern oder zu verehren – sei es Zeitgenossen, sei es Figuren der Vergangenheit –, kannte er nicht. Anders als Thomas Mann, der immer wieder dankbar und enthusiastisch über Goethe, Nietzsche oder Wagner, Tolstoi oder Dostojewski schrieb, hatte Brecht nie Lust, andere Schriftsteller zu porträtieren oder gar zu feiern. Zum Repertoire des »Berliner Ensembles« gehörten einzelne Werke von Shakespeare und Molière, Goethe und Kleist, Hauptmann und Gorki, aber nie hat sich Brecht, von dem es doch Hunderte von Aufsätzen zu Fragen des Theaters und der Literatur gibt, zu einem der Klassiker der Weltliteratur ausführlich geäußert.

Daß er alles, was er las oder erlebte, auf sein Werk bezog, versteht sich fast von selbst. 1927 notierte er: »Als ich das ›Kapital‹ von Marx las, verstand ich meine Stücke.« Wo man sich nicht für ihn und seine Kunst interessierte, konnte es Brecht kaum aushalten: New York empfand er im Jahre 1936 als eine besonders langweilige Stadt. Die Weltgeschichte brachte er automatisch mit seinem Werk in Zusammenhang. Sein einziger Kommentar zum Sturz Churchills: Charles Laughton habe gesagt, jetzt werde er den »Galilei« in London spielen können.

1920 hatte er an Dora Mannheim geschrieben: »Ich finde dieses Frühjahr scheußlich inszeniert, den ersten Akt erkläre ich für durchgefallen bei mir. Der liebe Gott wird immer älter!« Dabei ist es geblieben. Das soll heißen: Er sah die Welt stets aus der Perspektive des Theaterautors. Dies gilt auch für sein Verhältnis zur Politik, zum Kommunismus. Um es auf eine Formel zu bringen: Anders als viele seiner Anhänger, die ein Theater wollten, das die kommunistische Gesellschaft ermöglichen sollte, wollte Brecht die kommunistische Gesellschaft, damit sie sein Theater ermögliche.

Daß er in den letzten Jahren der Weimarer Republik den Terror als politisches Mittel befürwortete, wird niemand ernsthaft bestreiten wollen – auch wenn das bedeutendste Werk, in dem er sich für Grausamkeit und Terror aussprach,

»Die Maßnahme«, höchst zweideutig bleibt und eben deshalb auf seinen Wunsch bis heute nicht gespielt werden darf. So ist, was Brecht zu dieser Frage in seinen Briefen sagt, gewiß nicht neu oder erstaunlich – und doch fällt es schwer, es ohne Verwunderung zu lesen.

Aus dem dänischen Exil belehrt er Bernard von Brentano: »Durchsetzen kann man den S. (Sozialismus) nur durch Diktatur.« Die »Anstrebung der Demokratie« – so Brecht 1934 an Karl Korsch – sei »eine rein taktische Frage« und werde »zu einer formalen Angelegenheit, die sie ja auch ist«. 1935 äußert er sich gegen die Meinungsfreiheit und sagt ausdrücklich, die Umwälzung sei »nicht ohne Unterdrückung der Widerstrebenden, kaum ohne die der Willigen zu bewerkstelligen«. Zugleich verteidigt er Stalin, mit dessen Geschmack er allerdings nicht einverstanden sei.

1937 bezweifelt er die Nachrichten über die Verhaftungen in der Sowjetunion und über die Moskauer Prozesse – die Berichte stammten ja aus »bürgerlichen Blättern«. Im selben Jahr bittet er Feuchtwanger, etwas für die in Moskau inhaftierte Schauspielerin Carola Neher zu tun: »Ich halte sie nicht gerade für eine den Bestand der Union entscheidend gefährdende Person. Vielleicht ist sie durch irgendeine Frauenaffäre in was hineingeschlittert.« Aber schon der nächste Brief Brechts an Feuchtwanger in derselben Sache klingt ganz anders: vorsichtig und kleinmütig. Brecht betont, daß er »weder ein Mißtrauen gegen die Praxis der Union säen noch irgendwelchen Leuten Gelegenheit geben will, solches zu behaupten«. Und im November 1937, wiederum an Feuchtwanger zum Fall Carola Neher: »Wenn sie verurteilt wurde, geschah das keinesfalls ohne reichliches Material ...« Noch im Herbst 1941 verteidigt Brecht den Stalinismus und seine Methoden.

Gleichwohl war er entschlossen, aus den historischen Erfahrungen zu lernen und nach dem Krieg aus diesen Lehren praktische Schlüsse für seine Zukunft zu ziehen: Er konnte nicht in den Vereinigten Staaten bleiben, er mußte nach Europa zurückkehren. Aber der kommunistische Bereich kam für ihn nicht in Betracht. Und ähnlich wie Thomas Mann wollte er nicht in Deutschland leben. Wohin also? In einem Brief vom Oktober 1946 denkt er an Oberitalien oder die Schweiz – für »ein paar Jahre«. Kaum in Europa angelangt, trifft er im November 1947 in Paris die aus der Sowjetzone zu Besuch gekommene Anna Seghers und läßt sich von ihr über die Verhältnisse in Ost-Berlin berichten. Daraufhin teilt er

Ruth Berlau mit: »Es ist klar, man muß eine Residence außerhalb Deutschlands haben.« Während des Aufenthalts in der Schweiz schreibt er (im April 1948) an den Mann, den er seinen »Lehrer« in Sachen Marxismus nannte, an Karl Korsch: »Ich möchte mich eben gerade jetzt nicht für dauernd in Deutschland niederlassen.«

In den folgenden Monaten muß Brecht eine Enttäuschung nach der anderen erleben: Er sieht endgültig, daß er in der Schweiz keine Chancen hat, seine Verhandlungen mit österreichischen Instanzen führen zu keinem Ergebnis, auch sein Versuch, in München Fuß zu fassen, scheitert am Einspruch des State Department in Washington. Fürchtet man ihn überall? Jedenfalls will man ihn nirgends haben.

In dieser Situation reist er im Oktober 1948 nach Ost-Berlin. Dort bietet man ihm an, wovon er ein Leben lang geträumt hat: ein eigenes Theater. So läßt er sich nieder, wo er sich nicht niederlassen wollte. Darf man von einer Kapitulation sprechen? Doch längst nachdem er sich entschieden hat, schreibt er im Oktober 1949 an den Komponisten Gottfried von Einem: »Nach wie vor habe ich vor, als meinen ständigen Wohnsitz Salzburg zu betrachten und mir einen künstlerischen Aufgabenkreis in Österreich zu verschaffen.«

In einem viel früheren, aus dem Jahr 1935 stammenden Brief findet sich die beiläufige Bemerkung: »Den Schriftsteller interessiert vor allem das Schriftstellern. (Auch gegen den Weltuntergang hätte er nichts einzuwenden, wenn er nur sicher wäre, daß sein Buch darüber noch herauskommen kann.)« Daß er mit diesem Satz auch sich selber charakterisierte – dies wird er schon gewußt haben, er, Bertolt Brecht, der ein Genie war und zugleich ein armer Hund.

DER ANFÄNGER ALS KLASSIKER
Brecht und seine frühen Tagebücher

Jene Nachsicht, um die Brecht in einem seiner berühmtesten Gedichte die Nachgeborenen gebeten hat, wird ihm jetzt hierzulande eher verweigert: Neunzehn Jahre nach seinem Tod haben viele, scheint es, genug von ihm. Der »Galilei«? Das sei doch streckenweise Schulfunk. »Sezuan«? Allzu didaktisch. »Puntila«? Ziemlich albern. Die »Dreigroschenoper«? Abgeleiert wie die »Unvollendete«. Die »Courage«? Man winkt gelangweilt ab, als gehe es um »Iphigenie auf Tauris«.

Aber diejenigen, die sich heute über Brecht nicht gerade respektlos, doch müde und gleichgültig äußern, sind es nicht zufällig dieselben, die sich vor zehn, vor fünfzehn Jahren, wenn sie auf ihn zu sprechen kamen, gar nicht bremsen ließen? Muß er jetzt dafür büßen, daß ihn damals manche überschätzten, ja, schon drauf und dran waren, seine Heiligsprechung zu fordern?

Brechts Dichtung wird dies alles überleben. Nicht einmal die in den letzten Jahren rasch wachsende Sekundärliteratur kann ihr etwas anhaben. Je größer indes die Zahl der Monographien und Dissertationen, der Materialienbände und Einzeluntersuchungen, unter denen sich bisweilen auch nützliche Arbeiten finden lassen, desto größer die Befürchtung, daß wir in Sachen Brecht möglicherweise überinformiert und dennoch leider nicht hinreichend unterrichtet sind. Und desto stärker das Bedürfnis, über ihn endlich von ihm selber belehrt zu werden.

In dieser Hinsicht allerdings sollte sich niemand von dem mittlerweile legendären Nachlaß, den man uns – wohl mit gutem Grund – nur zögernd zugänglich macht, gar soviel erhoffen. Brecht war schon sehr früh entschlossen, seine Person für die Öffentlichkeit zu stilisieren und sehr bald auch zu mystifizieren. Es ist daher unwahrscheinlich, daß er in seinen persönlichen Aufzeichnungen bereit war preiszugeben, was man als das Geheimnis seiner Identität bezeichnen könnte. Aber er wußte über sich selber – das zumindest ist sicher – sehr gut Bescheid. Seine frühen Tagebücher bestätigen dies erneut.

Der Vergleich mit Brechts 1973 erschienenem »Arbeitsjournal« drängt sich auf. Doch die Unterschiede sind größer als die Ähnlichkeiten. Das Journal, 1938 begonnen, stammt von einem rei-

fen, längst arrivierten Autor, von einem erfahre-
nen Meister der Selbstinszenierung. Es gleicht
einem Bühnenmonolog: Der da spricht, vergißt
nie das Publikum. Letztes Ziel ist und bleibt hier
nicht etwa die Selbstauseinandersetzung, sondern die Selbstreklame. Die Tagebücher hingegen schrieb ein Anfänger, ein ebenso hochmüti-
ger wie unsicherer Mann, der sich vorerst weder
seiner Mittel noch seiner Möglichkeiten bewußt
war. Insgesamt scheinen diese fragmentarischen
und bisweilen belanglosen Tagebuchnotizen
weniger ergiebig. Aber wir haben es mit einem
authentischen Selbstgespräch zu tun: Brecht will
nicht – wie im »Arbeitsjournal« – den Leser überzeugen. Hier will er vor allem sich selber Mut
machen.

Die erste Eintragung, datiert vom 15. Juni 1920,
lautet: »Es ist windstill um mich: ich könnte die
Segel flicken. Aber es lohnt nicht, sich mit mir zu
beschäftigen.« Brecht liebte es, seine Forderun-
gen in negativen Feststellungen auszudrücken.
So auch in diesen Sätzen, die sofort das zentrale
Motiv der Tagebücher anschlagen. Denn gemeint
ist: Es darf nicht windstill um mich sein. Und: Es
muß lohnen, sich mit mir zu beschäftigen. Der
junge Mann möchte um jeden Preis im Mittel-
punkt stehen: Er will Frauen um sich haben, die

ihn lieben, und Männer, die ihn bewundern. Er sucht Förderer und Anhänger. Und sehr bald benötigt er auch Gegner und Feinde, die er wirkungsvoll bekämpfen könnte. Nichts liegt ihm ferner, als sich mit begrenzten Aufgaben und bescheidenen Zielen zu begnügen.

Wie ein Don Carlos, der keinen Marquis Posa, wohl aber viele Trabanten braucht, fordert Brecht das Jahrhundert in die Schranken. In seiner Sprache heißt das: »Wiewohl ich erst 22 Jahre zähle, aufgewachsen in der kleinen Stadt Augsburg am Lech, und nur wenig von der Erde gesehen habe, ... trage ich den Wunsch, die Welt vollkommen überliefert zu bekommen. Ich wünsche alle Dinge *mir* ausgehändigt sowie Gewalt über die Tiere, und ich begründe meine Forderung damit, daß ich nur einmal vorhanden bin.« Und wie Richard III. verkündet, er sei gewillt, »ein Bösewicht zu werden«, so ist Brecht entschlossen, ein Klassiker zu sein. Sein Programm formuliert er als Befund, er nimmt vorweg, was er erreichen möchte: »Ich beobachte, daß ich anfange, ein Klassiker zu werden« – bemerkt er 1921. Wo soll dies stattfinden? Er sieht sich um: »Wie mich dieses Deutschland langweilt! Es ist ein gutes, mittleres Land, schön darin die blassen Farben und die Flächen, aber welche Einwohner!«

Er zieht die Folgerung: »Bleibt: Amerika!« Nach einigen Wochen hat er sich für die Arena entschieden, auf der sein Kampf um Ruhm erfolgen soll: »Man muß versuchen, sich einzurichten in Deutschland!«

Er will Geld verdienen. Vorerst (1920) denkt er an Drehbücher für Piratenfilme, an Reklame für Kleidermoden, die man »vom Theater aus in Schwung bringen« könnte. Er möchte Dramen auf Zeitungspapier drucken »mit Annoncen, die das Geschäft rentieren«. Auf jeden Fall würde er – wie er fünf Jahre später geschrieben hat – »zu keiner anderen Gruppe weniger gern gehören als zu der der Unzufriedenen«. Der Dreiundzwanzigjährige bekennt sich zum`»Respekt vor Materiellem, das nichts ist als sichtbar gemachte Arbeit«. Diesem Respekt bleibt Brecht, was immer er im Laufe der Jahre gelernt hat, treu: Er, der Dichter der Entrechteten, der Erniedrigten und Beleidigten, wollte von den Erfolglosen nichts wissen. Die Armut betrachtete er mißtrauisch. Er konnte sie allenfalls auf der Bühne brauchen, nicht im Leben. Denn ob er es zugab oder nicht – Armut war für ihn ein Zeichen der Untüchtigkeit. 1920 notierte er: »Einmal ist die Anni Bauer da, abends, auf dem Atelier, wir trinken Schnaps unterm Lampion, ich zupfe die Geige, ich küsse sie, werde frech, aber sie riecht nach einem armen Mädchen, und ich schicke sie heim.« Als wolle er sich rechtfertigen, fügte er hinzu: »Auch habe ich Angst vor Gonorrhoe.«

Noch leidet er, wenn er an der Unschuld seiner Freundin Bi zweifelt, doch schon konstatiert er, seine Freundin Hedda beobachtend, nicht ohne Genugtuung: »Aber wenn die He sich in Berg und Tal windet, weil ich sie aus ihrer Schale hervorgelockt und bloß liegengelassen habe, bleibe ich kalt wie ein Viehhändler.« Er ist stolz auf seine Kälte, er übt sich in der unbeteiligten, ja grausamen Beobachtung. Nach dem Tod der Mutter stellt er knapp fest: »Es waren Knochen, die sie in ein Laken legen.« Er reist ab, bevor Erde sie deckte. »Wozu dem Selbstverständlichen zusehen?« Das mag souverän klingen, aber es verbirgt nur Angst.

Auf Angst, Unsicherheit und Hilflosigkeit lassen auch die Eintragungen schließen, in denen Brecht von seiner Beziehung zu Marianne Zoff spricht. Wovor hatte er Angst? Offenbar vor der Intensität seiner Gefühle, vor einer Liebe, die ihn seiner Bewegungsfreiheit berauben könnte, vor der Abhängigkeit von einem anderen Menschen. Daher seine ungeheuerlichen Haßausbrüche, daher auch sein pubertär anmutendes

Bedürfnis, die Geliebte immer wieder als Hure zu beschimpfen. Nach einer Fehlgeburt (im Mai 1921) schrieb er: »So sind die guten Geister von der Marianne Zoff gewichen ... Die Hure sollte kein Kind haben, mein Kind ging von ihr, da sie kein reines Herz hatte!« Und: »So entlädt sich die schwangere Hure! Und diesen gesprungenen Topf, in den die Abflüsse aller Männer rinselten, habe ich in meine Stuben stellen wollen! ... Jetzt sie als Hure benutzen lassen, den andern hinwerfen ...« Im November 1922 hat Brecht Marianne Zoff geheiratet.

In diesen Monaten zitiert er zweimal ein Wort Meier-Graefes über Delacroix: »Bei ihm schlug ein heißes Herz in einem kalten Menschen.« Hierzu Brecht: »Und das ist im wesentlichen eine Möglichkeit der Größe.« Der Satz hat es ihm angetan. Denn er sah in ihm eine Bestätigung seines längst beschlossenen Kampfplans. Oder auch: seiner Selbsterziehung. Das Tagebuch notiert die Schritte auf diesem Weg. Dazu gehören auch die Lektüreeindrücke. Er liest in diesen Jahren viel, aber offenbar nicht gründlich. Die Weltliteratur interessiert ihn vornehmlich als Anregung und Hilfe für sein eigenes Werk: »Von dem Hamsun kann man viel lernen, momentan das Entscheidende.« Oder: »Ich wälze den Rimbaud-Band und mache einige Anleihen.« Zu »Dantons Tod«: »Dergleichen ist kein Vorbild mehr, aber kräftige Hilfe.« 1920 urteilt er über eine Komödie des vierzehn Jahre älteren Freundes Lion Feuchtwanger: »Es ist wieder viel Brecht drin.«

Von Zeitgeschichtlichem ist in diesen Tagebüchern, obwohl sie doch aus den hochdramatischen Nachkriegsjahren stammen, fast nicht die Rede. Entging die Politik seiner Aufmerksamkeit? Nicht unbedingt, nur war ihm das Theater wichtiger. Und noch ahnte er nicht, daß sich Politisches für sein Theater wird nutzbringend verwerten lassen. Das neue Rußland? Gewiß doch, das interessierte ihn. Aber er lehnte es sofort und entschieden ab: »Mir graut nicht vor der tatsächlich erreichten Unordnung dort« – schrieb er 1920 –, »sondern vor der tatsächlich angestrebten Ordnung. Ich bin jetzt sehr gegen den Bolschewismus ...« Bis ans Ende seiner Tage graute ihm vor der Sowjetunion. Was ihn freilich nicht hinderte, die Teppichweber von Kujan-Bulak und die Inbesitznahme der großen Metro durch die Moskauer Arbeiterschaft zu besingen, Josef Stalin als »des Sowjetvolkes großen Ernteleiter« zu preisen und die Sowjetunion als poetische Chiffre zu verwenden.

Es ist natürlich kein Zufall, daß Brecht sich zu

politischen und ideologischen Fragen am häufigsten nicht in essayistischen Darlegungen äußerte, sondern in poetischen Bildern. Sowenig ihm das diskursive Denken fremd war, sowenig konnten ihn – womit sich manche seiner Interpreten nicht abfinden wollen – philosophische Gedankengänge faszinieren. 1920 heißt es in seinem Tagebuch: »Ich glaube nicht, daß ich jemals eine so ausgewachsene Philosophie haben kann wie Goethe oder Hebbel ...« Denn: »Ich vergesse meine Anschauungen immer wieder, kann mich nicht entschließen, sie auswendig zu lernen.« Das klingt kokett und erinnert an die Warnung im Gedicht »Vom armen B. B.«: »In mir habt ihr einen, auf den könnt ihr nicht bauen.« Aber es war ernst gemeint.

Auf seine aphilosophische Denkart kommt Brecht in den Selbstzeugnissen, mit denen man die Tagebücher ergänzt hat, mehrfach zu sprechen, so 1927: »Mit beinahe 30 Jahren sind Maschinen, Philosophien, Geldgeschäfte mir noch fremd, ich schiebe sie sozusagen einfach auf – bis zu welcher Zeit, weiß ich nicht.« 1935 gesteht er, daß er schon jahrelang ein namhafter Schriftsteller war und dennoch nichts von Politik gewußt und »noch kein Buch und keinen Aufsatz von Marx oder über Marx zu Gesicht bekommen«

hatte. In einer Aufzeichnung vom Jahre 1938 findet sich die überraschende Einsicht: »Ich wurde ein wenig doktrinär, weil ich dringend Belehrung brauchte.«

In den Tagebüchern fallen auch einige Äußerungen über die Kunst auf, die man von Brecht kaum erwartet hätte. Die Kunst des Schreibens – heißt es einmal – sei »die vulgärste und gewöhnlichste aller Künste«. Denn: »Sie ist zu offen, eindeutig und überprüfbar ... Es gibt kein Geheimnis, und wo es kein Geheimnis gibt, gibt es keine Wahrheit.« Einige Tage später notiert Brecht über Hans von Marées: »Das ist einer wie die Literaten ... seine Bilder haben keine Metaphysik. Die Perspektive hört dicht hinter dem Tableau auf. Was dasteht, sieht man, was er weiß, steht da. Es ist sein Äußerstes.«

Brecht also als Gegner des Eindeutigen und Überprüfbaren in der Kunst, als Verteidiger einer offenbar irrationalen Sphäre, auf die er mit der Vokabel »Geheimnis« anspielt. Und das Wort »Metaphysik« benutzt er weder ironisch noch denunzierend. Sollte er etwa auf dasselbe abzielen, was Goethe meinte, als er von »inkalkulablen« und »inkommensurablen« Elementen der Kunst sprach? Wollte auch Brecht daran erinnern, daß das Kunstwerk niemals ein rational ganz und gar erfaßbares und somit restlos deutbares Phänomen ist?

Jene Kritker, die glauben, das Kunstwerk gänzlich aus den zeitgeschichtlichen Verhältnissen ableiten zu können und dabei den außerliterarischen Umständen eine dominierende Rolle zuerkennen, die also immer und unbedingt einen unmittelbaren Kausalzusammenhang zwischen dem gesellschaftlich-ökonomischen Hintergrund, der Biographie des Dichters und seinem Werk konstruieren, sollten diese Worte Brechts nicht unbeachtet lassen. Zugegeben, sie stammen aus der Zeit, da der Dreiundzwanzigjährige meinte, er fange an, ein Klassiker zu werden. Das war eine freche Bemerkung. Aber sie hat sich als zutreffend erwiesen.

DER POET ALS GESCHÄFTSMANN
Brecht in Warschau

Ende Februar 1952 kam Brecht zusammen mit Helene Weigel nach Warschau. Doch war es nicht etwa das Interesse für das kommunistische Nachbarland oder für dessen immer noch grausam zerstörte Hauptstadt, was ihn nach Polen getrieben hatte, sondern das dringende Bedürfnis, das polnische Publikum mit seinem Werk bekannt zu machen, vor allem mit Inszenierungen des »Berliner Ensembles«. Am Tag seiner Ankunft wurde im Hotel »Bristol« ein Mittagessen gegeben – zu Ehren von Brecht, der Helene Weigel und des gleichzeitig angekommenen DDR-Schriftstellers und Nationalpreisträgers Hans Marchwitza, an dem freilich in Warschau niemand interessiert war. Die Tafelrunde war klein, die Enttäuschung groß. Denn Frau Weigel teilte uns, einigen Kritikern und Übersetzern, sogleich mit, Brecht sei krank, jedenfalls fühle er sich unwohl; wir sollten daher seine Abwesenheit entschuldigen.

Nach dem Essen bat mich Helene Weigel, die

offensichtlich Brechts Warschauer Kontakte mit der Welt organisierte, zu einem vertraulichen Wortwechsel. Ich hatte zu seiner Begrüßung in einer großen Warschauer Tageszeitung einen Artikel geschrieben, dessen deutsche Übersetzung, wie ich jetzt erfuhr, Brecht schon auf dem Warschauer Flughafen vom Vertreter der Botschaft der DDR erhalten hatte. Dieser Artikel habe ihm, so Frau Weigel, außerordentlich gefallen. Kein Wunder, dachte ich mir im stillen, denn ich hatte den Gast ausgiebig gelobt und gerühmt. Nun aber könne Brecht leider niemanden empfangen. Doch für mich werde er eine Ausnahme machen, ich solle mich noch heute um fünf Uhr im Hotel Bristol, Zimmer 93, melden. Dort werde er mir das gewünschte Interview erteilen.

Ich war sehr zufrieden, beinahe glücklich – und erschien pünktlich am angegebenen Ort. Aber zu meiner Überraschung sah ich vor der Zimmertür einen Bekannten, der als Übersetzer aus dem Deutschen tätig war. Ich guckte mich um und sah noch einen Bekannten, einen Verleger, der ebenfalls hier wartete. Und jemand war schon drin bei Brecht, ein Regisseur. Vermutlich hatte jeder von uns gehört, nur er werde empfangen – und nun standen wir Schlange, um bei ihm vorgelassen zu werden.

Schließlich war ich an der Reihe. Kaum hatte ich die Schwelle überschritten, und schon war ich verblüfft. Brecht saß hinter einem Tisch, auf dem eine große Schale zu sehen war – und auf der Schale lag etwas, was es in Warschau im Jahre 1952 nicht gab: Apfelsinen, Bananen und Weintrauben. Das konnte man damals in Polen nirgends kaufen, nirgends auftreiben. Brecht hatte die Früchte entweder aus Berlin mitgebracht, oder die Botschaft der DDR hatte sie ihm hinstellen lassen.

Übrigens hat er keinem von uns, seinen Gästen, etwas von diesem Obst angeboten. Sicher ist ferner, daß die begehrten und in Warschau nicht erhältlichen Köstlichkeiten zwischen Brecht und jedem seiner Gäste eine Kluft schufen, eine Distanz. Hat er, seine Gäste erwartend, diese Obstschale auf dem Tisch seines Hotelzimmers absichtlich stehenlassen? So fragte ich mich damals. Heute glaube ich, es zu wissen: Es war wohl doch nur ein Zufall.

Daß aber überhaupt der Verdacht entstehen konnte, er habe die Bananen und Apfelsinen als nützliche Requisiten verwendet, ist bezeichnend für die Atmosphäre, die Brecht, ob er es wollte oder nicht, ständig verbreitete: Ich konnte mich des Eindrucks nicht erwehren, daß er immer

Theater spielte. Sein Habitus trug dazu bei. Auch in Warschau war er damals in jene plebejisch anmutende, jene auffallend schlichte dunkelgraue Joppe gekleidet, die er sich, wie erzählt wurde, aus bestem englischem Stoff schneidern ließ.

Hatte er es nötig, sich zu kostümieren? Nein, natürlich nicht. Aber es war ein Spaß, auf den er nicht verzichten wollte. Man mag darüber rätseln, warum viele Schriftsteller, Maler oder Komponisten der bisweilen kostspieligen und meist etwas lächerlichen Selbstinszenierung große Bedeutung beimessen. Nur sollte man nicht meinen, dies sei Sache vor allem der mittelmäßigen oder gescheiterten Künstler: Selbst ein Richard Wagner hatte eine Schwäche für die Kostümierung und für die (in diesem Fall farbenprächtig-pompöse) Stilisierung seiner Umgebung. Mich hat eher Thomas Mann überzeugt. Er läßt Tonio Kröger sagen: »Ach, lassen Sie mich mit meinen Gewändern in Ruh', Lisaweta Iwanowna! Wünschten Sie, daß ich in einer zerrissenen Sammetjacke oder einer rotseidenen Weste umherliefe? Man ist als Künstler innerlich immer Abenteurer genug. Äußerlich soll man sich gut anziehen, zum Teufel, und sich benehmen wie ein anständiger Mensch ...«

Wie auch immer: Brecht empfing mich freundlich, er beantwortete meine Fragen geduldig und höflich. Es ging vor allem um Shakespeares »Coriolan«, den er damals für eine Inszenierung am »Berliner Ensemble« in neuer Übersetzung vorbereitete. Warum gerade den »Coriolan«? – wollte ich wissen. Das sei doch, sagte Brecht, ein politisches Drama und jetzt in Deutschland von großer Aktualität. Er wolle mit diesem Stück die Wiederaufrüstung in Westdeutschland bekämpfen, zumal die Militärfachleute, die mittlerweile in der westdeutschen Armee Unterschlupf gefunden hätten, sich, ähnlich wie der Feldherr Coriolan, einbildeten, das Volk brauche sie und sei auf sie angewiesen.

Da mir das nicht ganz einleuchtete, erlaubte ich mir die Frage, ob das Stück dies tatsächlich hergeben könne. Brecht räumte ein, daß es nicht einfach sei, doch mit den Mitteln der Schauspielkunst, der Regie und auch der Übersetzung könne man nachhelfen und so einiges erreichen, was freilich noch nicht genügen werde. Daher beabsichtige er, soundso viel Verse (er nannte eine nicht kleine Zahl, die ich vergessen habe) zu diesem Drama dazuzuschreiben. Ich fragte verwundert: »Zu Shakespeare einfach dazuschreiben?« Er hatte kein Verständnis für meine Bedenken und antwortete ganz kühl: »Warum nicht?«

Dann erzählte er von einem neuen Stück, und zwar über einen in der DDR berühmten Aktivisten, einen Ofensetzer. Ob das ein Lehrstück sein werde oder vielleicht – hier entschlüpfte mir eine, ich gebe es zu, ungewöhnlich dumme Frage – etwas im Stil der »Dreigroschenoper«. Brecht wandte sich, peinlich berührt, ab: »So schreibe ich schon lange nicht mehr.« Ich begriff meinen ärgerlichen Fauxpas, hatte mich aber inzwischen wieder gefangen und sagte: »Herr Brecht, ich kann es gut verstehen, daß Sie von der ›Dreigroschenoper‹ nichts hören wollen. Goethe konnte es auch nicht ertragen, daß man ihn ein Leben lang auf seinen ›Werther‹ ansprach.« Auf diesen scherzhaft gemeinten Vergleich reagierte Brecht zu meiner Verblüffung ernsthaft und mit Genugtuung. Er lächelte leutselig: Die Parallele schien ihm durchaus angemessen.

Später lenkte ich das Gespräch auf Kurt Weill. Aber Brecht hatte keine sonderliche Lust, über ihn zu reden. Die Frage, ob die Musik zu einem seiner Stücke Weill geschrieben habe oder Eisler oder Dessau, sei nicht von entscheidender Bedeutung. Er selber habe meist eine mehr oder weniger deutliche Vorstellung von der für seine Texte notwendigen Musik, der Komponist müsse ihm dabei nur ein wenig helfen.

Als Brecht mich fragte, ob es zur Zeit in den Warschauer Theatern etwas Besonderes gebe, machte ich ihn auf eine ausgezeichnete Aufführung aufmerksam, nur sei es, sagte ich, leider ein Stück, das nicht sein Geschmack sein könne. Es handle sich um Bernard Shaws »Frau Warrens Gewerbe«. In der Tat wollte er von Shaw nichts wissen. Aber ich versuchte ihn zu überzeugen, er solle dennoch hingehen, und zwar wegen der Darstellerin der Titelrolle, der berühmten polnischen Schauspielerin Irena Eichlerówna.

Da er nicht recht wußte, wie er den Abend verbringen sollte, gab er nach – und war, als ich mit ihm am nächsten Tag sprach, begeistert. Diese Schauspielerin sei in der Tat ganz außerordentlich, er werde sie nach Berlin holen, sie sei die ideale Besetzung für die Hauptrolle in seinem Stück »Die Gewehre der Frau Carrar«. Das mag ein glänzender Einfall sein, meinte ich, nur könne die Eichlerówna leider kein Wort Deutsch. Brecht verstummte nur für einen Augenblick und sagte dann: »Das macht nichts! Alle werden Deutsch sprechen und sie Polnisch. Das wird die wahre Verfremdung sein.« Natürlich ist nichts daraus geworden.

Diese Reaktion war typisch für Brecht, jedenfalls während seines Besuchs in Warschau. An

Polen war er nicht im geringsten interessiert, für Sehenswürdigkeiten hatte er nichts übrig. Er kannte damals nur ein Thema: sein Werk, sein Theater. Und es gab für ihn nur eine einzige Frage: Was ließe sich machen, damit seine Dichtung in Polen übersetzt, gedruckt und vor allem aufgeführt werde? Er wollte nur mit Menschen sprechen, die dies ermöglichen konnten – mit Intendanten, Regisseuren und Schauspielern, mit Verlegern, Übersetzern und Journalisten. Sie alle berichteten übereinstimmend, sie hätten den Eindruck gewonnen, ihr Gesprächspartner sei ein sehr sachlicher und überaus tüchtiger, ein so leiser wie hartnäckiger Geschäftsmann, der unbedingt seine Ware absetzen wollte.

Viel Sympathie war in diesen Äußerungen nicht zu hören. Das hatte auch mit einem sehr einfachen Umstand zu tun: Kontakte mit deutschen Gästen wollte man damals in Polen eher vermeiden, auch dann, wenn diese Gäste noch unlängst Emigranten waren. Übrigens waren Brechts vielfache Bemühungen doch nicht erfolglos: Noch im selben Jahr konnte das »Berliner Ensemble« in Warschau mit der »Mutter Courage«, mit Gorkis »Mutter« und mit Kleists »Zerbrochnem Krug« gastieren. Bald erschien auch ein kleiner Band mit einer Auswahl seiner Gedichte und Prosastücke.

Von der charismatischen Ausstrahlung, die ihm oft nachgerühmt wurde – freilich vor allem von Frauen –, habe ich in jenen Tagen ebensowenig gemerkt wie von seiner angeblichen Erkrankung. Eher fiel mir die mit Brechts geschäftstüchtigem Gebaren durchaus harmonierende Neigung zum Komödiantischen auf. Aber ich nehme an, daß Schiller sich ähnlich verhalten hätte. Und Rilke gleichfalls und Thomas Mann erst recht. So sind eben die Schriftsteller. Jedenfalls die genialen.

NACHWEISE

Ungeheuer oben
Rede zum 50. Jubiläum des Aufbau-Verlages am
24. 9. 1995 im Schauspielhaus am Gendarmen-
markt. Zuerst gedruckt in der *Frankfurter Allgemeinen Zeitung* vom 6. 1. 1996

Er und seine Kreatur
Zuerst in: *Frankfurter Allgemeine Zeitung* vom
14. 12. 1985

Ein Genie und ein armer Hund
Zuerst in: *Frankfurter Allgemeine Zeitung* vom
5. 12. 1981

Der Anfänger als Klassiker
Zuerst in: *Frankfurter Allgemeine Zeitung* vom
2. 8. 1975

Der Poet als Geschäftsmann
Bisher unveröffentlicht

Die Karikaturen sind dem Band »Geschichten vom Herrn B. 111 Brecht-Anekdoten« von André Müller und Gerd Semmer entnommen (Aufbau-Verlag 1968):

Harald Kretzschmar (Lithografie)

Elizabeth Shaw (Zeichnung)

Herbert Sandberg (Zeichnung)

Andrzej Stopka (Zeichnung)

Herbert Sandberg (Zeichnung)

ÜBER DEN AUTOR
Biographische Notiz

Marcel Reich-Ranicki wurde am 2. Juni 1920 in Włocławek geboren, einer an der Weichsel gelegenen polnischen Kleinstadt, in deren unmittelbarer Nachbarschaft bis zum Ende des Ersten Weltkrieges die deutsch-russische Grenze verlief. Sein Vater, David Reich, war ein polnischer Jude, seine Mutter, Helene, geborene Auerbach, eine deutsche Jüdin. Die Vorfahren waren väterlicherseits Kaufleute und mütterlicherseits seit Jahrhunderten Rabbiner.

In seiner Geburtsstadt besuchte Reich-Ranicki eine deutsche Volksschule, doch siedelte die Familie 1929 nach Berlin um. Dort war er Schüler zunächst des Werner von Siemens-Gymnasiums in Berlin-Schöneberg und dann des Fichte-Gymnasiums in Berlin-Wilmersdorf. Im Herbst 1938, kurz nach dem Abitur, wurde er verhaftet und nach Polen deportiert.

Er lebte jetzt in Warschau und ab 1940 im Warschauer Getto. In dessen Verwaltung, dem »Judenrat«, wirkte er als Übersetzer. Zugleich war er Mitarbeiter des Getto-Untergrundarchivs (des sogenannten Ringelblum-Archivs) und nahm Anfang 1943 an einer Widerstandsaktion der Jüdischen Kampforganisation (ZOB) teil. Kurz darauf gelang ihm zusammen mit Teofila, geborene Langnas, die er 1942 geheiratet hatte, die Flucht aus dem Getto. Von nun an waren sie in Warschau im Untergrund. Sein 1973 erschienenes Buch *Über Ruhestörer – Juden in der deutschen Literatur* ist dem Andenken jener gewidmet, »die von Deutschen ermordet wurden, weil sie Juden waren. Zu ihnen gehören mein Vater David Reich, meine Mutter Helene Reich, geb. Auerbach, und mein Bruder Alexander Herbert Reich.«

Nachdem er im September 1944 von der sowjetischen Armee befreit worden war, meldete sich Reich-Ranicki freiwillig zur polnischen Armee. Er wurde der militärischen Postzensur zugeteilt. Wenig später trat er der Kommunistischen Partei Polens bei. 1946 gehörte er der Polnischen Militärmission in Berlin an, 1947 arbeitete er in der Zentrale des polnischen Geheimdienstes (Auslands-Nachrichtendienst) in Warschau und zugleich im Polnischen Außenministerium.

In den Jahren 1948 und 1949 war er Konsul der Republik Polen in London. Im Herbst 1949 bat er aus politischen Gründen um seine Abberufung und kehrte nach Warschau zurück. Er wurde sofort sowohl aus dem Geheimdienst als auch aus dem Auswärtigen Dienst entlassen, aus der Kommunistischen Partei ausgeschlossen (offizielle Begründung: »ideologische Fremdheit«), inhaftiert und einige Wochen in einer Einzelzelle gefangengehalten.

Danach wurde ihm jedoch erlaubt, in einem großen Warschauer Verlag ein Lektorat für deutschsprachige Literatur zu gründen und zu betreuen. Ende 1951 mußte er die Verlagsarbeit aufgeben und konnte sich jetzt nur noch als freier Schriftsteller betätigen: Als Kritiker befaßte er sich ausschließlich mit der deutschen Literatur der Vergangenheit und der Gegenwart. Aber Anfang 1953 hat das Zentralkomitee der Kommunistischen Partei weitere Veröffentlichungen von Reich-Ranicki untersagt. Erst während des »Tauwetters«, Ende 1954, wurde dieses gegen ihn gerichtete generelle Publikationsverbot aufgehoben.

Er schrieb Rezensionen und Essays, die in verschiedenen polnischen Zeitungen und Zeitschriften (vor allem in der Monatsschrift *Twórczość* und in der Wochenzeitung *Nowa Kultura*) und gelegentlich auch in DDR-Zeitschriften (so in der *Neuen Deutschen Literatur*) gedruckt wurden. Überdies verfaßte er ein Buch mit dem Titel *Aus der Geschichte der deutschen Literatur* (Warschau 1955), eine Monographie über *Die Epik der Anna Seghers* (Warschau 1957) und kritische Einleitungen oder Vorworte zu Werken von Goethe, Fontane, Storm, Raabe, Heinrich Mann, Hermann Hesse und anderen. Zusammen mit Andrzej Wirth übersetzte er Kafkas *Schloß* (in der Bühnenfassung von Max Brod) und Friedrich Dürrenmatts *Besuch der alten Dame.*

Im Sommer 1958 hielt sich Reich-Ranicki zu Studienzwecken in der Bundesrepublik auf und kehrte von dieser Reise nicht mehr nach Polen zurück. Er wohnte mit seiner Familie erst in Frankfurt am Main und dann, von 1959 bis 1973, in Hamburg. Seitdem lebt er wieder in Frankfurt.

Nachdem er zunächst für die *Frankfurter Allgemeine Zeitung* und für *Die Welt* geschrieben hatte, war er von 1960 bis 1973 ständiger Literaturkritiker der Wochenzeitung *Die Zeit.* Von 1973 bis 1988 leitete er in der *Frankfurter Allgemeinen Zeitung* die Redaktion für Literatur und literarisches Leben. Er ist jetzt weiterhin in der *F.A.Z.* als Kritiker und als Redakteur der *Frankfurter Anthologie* tätig.

Von 1965 bis 1972 war Reich-Ranicki Mitarbeiter der *Encyclopaedia Britannica*; von 1958 bis 1967 gehörte er als Kritiker der *Gruppe 47* an. Er war Mitinitiator des Klagenfurter Wettbewerbs um den Ingeborg Bachmann-Preis und von 1977 bis 1986 der Sprecher der Jury dieses Wettbewerbs. Vortragsreisen führten ihn in die USA, nach Kanada, Israel, China, Australien und Neuseeland sowie in zahlreiche europäische Länder.

1968 war er Gastprofessor für deutsche Literatur des 20. Jahrhunderts an der Washington University in St. Louis (USA) und 1969 am Middlebury College (USA). Von 1971 bis 1975 lehrte er als ständiger Gastprofessor für Neue Deutsche Literatur an den Universitäten Stockholm und Uppsala. Seit 1974 ist er Honorarprofessor an der Universität Tübingen, in den Jahren 1991/92 bekleidete er die Heinrich Heine-Gastprofessur an der Universität Düsseldorf. Seit 1988 leitet er das »Literarische Quartett« des Zweiten Deutschen Fernsehens.

Auszeichnungen unter anderem: Ehrendoktorwürde der Universität Uppsala (1972); Heine-Plakette (1976); Ricarda Huch-Preis (1981); Wilhelm Heinse-Medaille der Akademie der Wissenschaften und der Literatur in Mainz (1983); Goethe-Plakette der Stadt Frankfurt am Main (1984); Thomas Mann-Preis (1987); »Bambi«-

Kulturpreis (1989); Hermann Sinsheimer-Preis für Literatur und Publizistik (1991); Bayerischer Fernsehpreis (1991); Ehrendoktorwürde der Universität Augsburg (1992) sowie der Universität Bamberg (1992); Wilhelm-Leuschner-Medaille (1992) und Ludwig-Börne-Preis (1995).

BIBLIOGRAPHIE

A. Selbständige Veröffentlichungen

Deutsche Literatur in West und Ost. Prosa seit 1945. München 1963 – Taschenbuch-Ausgabe: rororo Nr. 1313-1314-1315, Reinbek bei Hamburg 1970. – Neuausgabe: Stuttgart 1983. – Taschenbuch-Ausgabe: dtv Nr. 10414, München 1985.

Literarisches Leben in Deutschland. Komentare und Pamphlete. München 1965.

Wer schreibt, provoziert. Kommentare und Pamphlete. dtv Nr. 384, München 1965. – Fischer Taschenbuch Nr. 11395, Frankfurt/M. 1993.

Literatur der kleinen Schritte. Deutsche Schriftsteller heute. München 1967. – Erweiterte Taschenbuch-Ausgabe: Ullstein Buch Nr. 2867, Frankfurt/M.-Berlin-Wien 1971. – Abermals erweiterte Taschenbuch-Ausgabe: dtv Nr. 11464, München 1991.

Die Ungeliebten. Sieben Emigranten. Opuscula Nr. 39, Pfullingen 1968.

Lauter Verrisse. Mit einem einleitenden Essay. München 1970. – Erweiterte Taschenbuch-Ausgabe: Ullstein Buch Nr. 3009, Frankfurt/M.-Berlin-Wien 1973. – Erweiterte Neuausgabe: Stuttgart 1984 – Taschenbuch-Ausgabe: dtv Nr. 11578, München 1992.

Über Ruhestörer. Juden in der deutschen Literatur. Serie Piper Nr. 48, München 1973. – Erweiterte Taschenbuch-Ausgabe: Ullstein Buch Nr. 3335, Frankfurt/M.-Berlin-Wien 1977. – Erweiterte Neuausgabe: Stuttgart 1989. – Abermals erweiterte Neuausgabe: dtv Nr. 11677, München 1993.

Zur Literatur der DDR. Serie Piper Nr. 94, München 1974.

Nachprüfung. Aufsätze über deutsche Schriftsteller von gestern. München 1977. – Erweiterte Neuausgabe: Stuttgart 1980. – Taschenbuch-Ausgabe: dtv Nr. 10226, München 1984. – Erweiterte Taschenbuch-Ausgabe: dtv Nr. 11 211, München 1990.

Entgegnung. Zur deutschen Literatur der siebziger Jahre. Stuttgart 1979. – Erweiterte Neuausgabe: Stuttgart 1981. – Taschenbuch-Ausgabe: dtv Nr. 10018, München 1982.

Betrifft Goethe. (Zusammen mit der Rede des Kanzlers Friedrich von Müller von 1832) Zürich-München 1982. – Neuausgabe: Fischer Bibliothek, Frankfurt/M. 1995.

Nichts als Literatur. Aufsätze und Anmerkungen. Reclams Universal-Bibliothek Nr. 8076, Stuttgart 1985.

Lauter Lobreden. Stuttgart 1985. – Taschenbuch-Ausgabe: dtv 11618, München 1992.

Mehr als ein Dichter. Über Heinrich Böll. KiWi Nr. 109, Köln 1986. – Taschenbuch-Ausgabe: dtv 11907, München 1994.

Thomas Mann und die Seinen. Stuttgart 1987. – Taschenbuch-Ausgabe: Fischer Taschenbuch Nr. 6951, Frankfurt/M. 1990/1993.

Zwischen Diktatur und Literatur. Marcel Reich-Ranicki im Gespräch mit Joachim Fest. Fischer Taschenbuch Nr. 46 206, Frankfurt/M. 1987. – Fischer Taschenbuch Nr. 12097, Frankfurt/M. 1993.

Herz, Arzt und Literatur. Zwei Aufsätze. Zürich 1987.

Thomas Bernhard. Aufsätze und Reden. Zürich 1990. – Taschenbuch-Ausgabe: Fischer Taschenbuch Nr. 11396, Frankfurt/M. 1993.

Max Frisch. Aufsätze. Zürich 1991. – Taschenbuch-Ausgabe: Fischer Taschenbuch Nr. 11397, Frankfurt/M. 1994.

Ohne Rabatt. Über Literatur aus der DDR. Stuttgart 1991. – Taschenbuch-Ausgabe: dtv Nr. 11744, München 1993.

Reden auf Hilde Spiel. München 1991.

Der doppelte Boden. Ein Gespräch mit Peter von Matt. Zürich 1992. – Taschenbuch-Ausgabe: Fischer Taschenbuch Nr. 11894, Frankfurt/M. 1994.

Günter Grass. Aufsätze. Zürich 1992. – Taschenbuch-Ausgabe: Fischer Taschenbuch Nr. 12254, Frankfurt/M. 1994.

Der romantische Prophet. Anmerkungen zu Friedrich Schlegels Literaturkritik. Heidelberger Universitätsreden; Band 5, Heidelberg 1993, und Jenaer philosophische Vorträge und Studien; Band 5, Erlangen und Jena 1993.

Die Anwälte der Literatur. Stuttgart 1994. – Taschenbuchausgabe: dtv Nr. 12185, München 1996.

Martin Walser. Zürich 1994. – Taschenbuch-Ausgabe: Fischer Taschenbuch Nr. 13000, Frankfurt/ M. 1996.

Vladimir Nabokov. Zürich 1995.

Die verkehrte Krone. Über Juden in der deutschen Literatur. Wiesbaden 1995.

Drei Reden. Sion 1995.

B. Herausgegebene Bücher

Auch dort erzählt Deutschland. Prosa von »drüben«. List-Bücher Nr. 170, München 1960.

Sechzehn Polnische Erzähler. rororo Nr. 524-525, Reinbek bei Hamburg 1962.

Erfundene Wahrheit. Deutsche Geschichten seit 1945. München 1965.

Notwendige Geschichten 1933–1945. München 1967. – Taschenbuch-Ausgabe: dtv Nr. 1528, München 1980. – Serie Piper 1613, München 1994.

In Sachen Böll. Ansichten und Einsichten. Köln 1968. – Dritte, erweiterte Auflage: Köln 1968. – Taschenbuch-Ausgabe: dtv Nr. 730, München 1971.

Gesichtete Zeit. Deutsche Geschichten 1918–1933. München 1969. – Taschenbuch-Ausgabe: dtv Nr. 1527, München 1980. – Serie Piper 1612, München 1992.

Anbruch der Gegenwart. Deutsche Geschichten 1900 bis 1918. München 1971. – Taschenbuch-Ausgabe: dtv Nr. 1526, München 1980. – Serie Piper 1547, München 1992.

Erfundene Wahrheit. Deutsche Geschichten 1945 bis 1960 (Veränderte Neuauflage). München 1972. – Taschenbuch-Ausgabe: dtv Nr. 1529, München 1980. – Serie Piper 1614, München 1995.

Verteidigung der Zukunft. Deutsche Geschichten seit 1960. München 1972. – Taschenbuch-Ausgabe: Deutsche Geschichten 1960-1980. dtv Nr. 1530, München 1980. – Serie Piper 1615, München 1995.

Frankfurter Anthologie. Gedichte und Interpretationen (bisher 18 Bände). Frankfurt/M. 1976 bis 1995.

Ludwig Börne: *Spiegelbild des Lebens.* Aufsätze über Literatur. suhrkamp taschenbuch Nr. 408, Frankfurt/M. 1977. – Erweiterte Neuausgabe: insel taschenbuch 1578, Frankfurt/M. 1993.

Klagenfurter Texte zum Ingeborg Bachmann-Preis 1977, 1978, 1979, 1980, 1981, 1982 (6 Bände; Mitherausgeber: Humbert Fink und Ernst Willner). München 1977–1982. Wolfgang Koeppen: *Die elenden Skribenten.* Aufsätze. Frankfurt/M. 1981. – Taschenbuch-Ausgabe: suhrkamp taschenbuch Nr. 1008, Frankfurt/M. 1984.

Meine Schulzeit im Dritten Reich. Erinnerungen deutscher Schriftsteller. Köln 1982. – Taschenbuch-Ausgabe: dtv Nr. 10328, München 1984. – Erweiterte Neuausgabe: Köln 1988. – Taschenbuch-Ausgabe: dtv Nr. 11597, München 1993.

Alfred Polgar: *Kleine Schriften.* Band 1: *Musterung.* Reinbek bei Hamburg 1982. – Taschenbuch-Ausgabe: rororo 13506, Reinbek bei Hamburg 1994.
Band 2: *Kreislauf.* Reinbek bei Hamburg 1983.
Band 3: *Irrlicht.* Reinbek bei Hamburg 1984.
Band 4: *Literatur.* Reinbek bei Hamburg 1984.

Band 5: *Theater I*. Reinbek bei Hamburg 1985.
Band 6: *Theater II*. Reinbek bei Hamburg 1986.

Klagenfurter Texte zum Ingeborg Bachmann-Preis 1983, 1984, 1985, 1986 (4 Bände; Mitherausgeber: Humbert Fink). München 1983–1986.

Hundert Gedichte werden vorgestellt. Eine zeitgenössische Auswahl aus der Frankfurter Anthologie. Gütersloh o. J. (1983).

Über die Liebe. Gedichte und Interpretationen aus der Frankfurter Anthologie. Insel Taschenbuch Nr. 794, Frankfurt/M. 1985.

Wolfgang Koeppen: *Gesammelte Werke* (6 Bände). Frankfurt/M. 1986.

Was halten Sie von Thomas Mann? Achtzehn Autoren antworten. Fischer Taschenbuch Nr. 5464, Frankfurt/M. 1986; Fischer Taschenbuch Nr. 12252, Frankfurt/M. 1994.

Erzählte Gegenwart. Zehn Jahre Ingeborg Bachmann-Preis. München 1986.

Johann Wolfgang von Goethe: *Alle Freuden, die unendlichen.* Liebesgedichte und Interpretationen. Insel-Bücherei Nr. 1028, Frankfurt/M. 1987.

Romane von gestern – heute gelesen. Band 1: 1900–1918. Frankfurt/M. 1989. Band 2: 1918–1933. Frankfurt/M. 1989.

Band 3: 1933–1945. Frankfurt/M. 1990. – Taschenbuch-Ausgabe: Fischer Taschenbuch Nr. 13091 (Band I), Nr. 13092 (Band II) und Nr. 13093 (Band III), Frankfurt/M. 1996.

Horst Krüger – ein Schriftsteller auf Reisen. Materialien und Selbstzeugnisse. Hamburg 1989.

Johann Wolfgang von Goethe: *Verweile doch.* 111 Gedichte mit Interpretationen. Frankfurt/M. 1992.

Wolfgang Koeppen: *Ohne Absicht.* Gespräch mit Marcel Reich-Ranicki in der Reihe »Zeugen des Jahrhunderts«. Göttingen 1994.

Hermann Burger: *Erzählungen.* Frankfurt/M. 1994.

Deutsche Erzähler des 20. Jahrhunderts. Von Arthur Schnitzler bis Robert Musil. Zürich 1994.

Deutsche Erzähler des 20. Jahrhunderts. Von Joseph Roth bis Hermann Burger. Zürich 1994.

1000 Deutsche Gedichte und ihre Interpretationen (10 Bände). Frankfurt/M. 1994.